COMO SE TORNAR POPULAR

Felipe Xafranski

Como se tornar POPULAR

MATRIX

Direitos em língua portuguesa para o Brasil:
Matrix Editora - Tel. (11) 3873-2062
atendimento@matrixeditora.com.br
www.matrixeditora.com.br

Diagramação:
Renata Senna

Ilustrações:
shutterstock

Revisão:
Maria Aparecida Medeiros Lima
Adriana Parra

Dados Internacionais de Catalogação na Publicação (CIP)
SINDICATO NACIONAL DOS EDITORES DE LIVROS, RJ.

Xafranski, Felipe

Como se tornar popular / Felipe Xafranski. - São Paulo : Matrix, 2009.

1. Fama. 2. Sucesso. I. Título.

09-5341. CDD: 306.4
CDU: 316.7

Meu Salve vai para os meus melhores amigos.
Valeu, Galera!

Guia de leitura

Você já não é mais um pirralho ou uma pirralha para alguém ensinar como se deve ler um livro. Mas é bom lembrar que você não precisa seguir a ordem direta das páginas; pode começar pelo capítulo ou assunto que mais atrair sua atenção, porque cada um deles contém uma ideia completa. Depois, você pode retomar a sequência e ir até o fim ou marcar os trechos que pulou para ler mais tarde. De boa, a intenção foi mesmo criar um manual para você consultar sempre que precisar.

Todo popular que se preza cria suas próprias gírias, mas resolvi te dar mole e incluí algumas no livro para você adicionar à sua lista e marcar presença com a galera. Toda vez que elas aparecerem, o significado também estará indicado. Fácil, né? Mas não vale acostumar...

Sumário

Introdução

Uma breve explicação

Ser popular não significa apenas seguir a modinha e andar o tempo todo com seu grupo. É mais que chamar a atenção da galera ou conseguir fazer os outros pagarem pau pra você, até porque, da mesma forma que muitos aplaudem, outros criticam. Não é usar roupas e acessórios muito loucos, porque a personalidade deve vir de dentro para fora. Tampouco é ser o bombadão que conquista todas as garotas ou a menina sexy que conseguiu sair com o carinha mais cobiçado do colégio.

Ser popular não é ser diferente, mas fazer a diferença. É ser uma figura marcante, mas sem perder a naturalidade... É ter um grupo, sim, mas também conhecer e respeitar a maior parte das outras tendências que estão rolando por aí, porque só assim é possível ser aceito por pessoas de outros círculos e aumentar sua rede de contatos. Também é cuidar da imagem e do corpo, sem dúvida, mas principalmente ter consciência do que está falando, fazendo e vestindo, sabendo exatamente no que investir e como gastar o dinheiro que ganha ou recebe dos pais.

Muitas vezes, comprar futilidades que deixam sua imagem em alta é uma boa pedida, mas o lance é o porquê disso tudo. De nada adianta você poder comprar tudo se nem ao menos sabe o que está fazendo neste mundo. Por isso, não deixe de atender aos padrões, mas também se preocupe em conhecer mais a fundo aquilo que está seguindo. Muitas pessoas usam roupas da hora, mas suas atitudes são um lixo. Então, pense nisso e decida: você quer se tornar um garoto ou uma garota popular porque tem conteúdo e a galera o admira ou porque virou uma antinha simpática vestida com grifes da cabeça aos pés?

Quem quer ser popular tem de se esforçar para ficar bem na fita com todo mundo, fazendo parte da vida social e, se possível, esportiva na escola, no bairro, na cidade, no país, no planeta (viva a internet!). Isso já foi até comprovado por cientistas, sabia? Foi publicado num jornal da Inglaterra um artigo sobre o impacto da felicidade nas relações on-line, em sites tipo MySpace e Facebook. A conclusão foi de que pessoas felizes tendem a ter mais amigos e maior influência! Para medir isso, os estudiosos analisaram perfis e álbuns e descobriram que quem aparece sorrindo nas fotos faz mais a cabeça da galera...

Óbvio que sorrir nem sempre significa felicidade, mas, para a coisa fluir bem, as pessoas de forma geral – e isso inclui tanto o coleguinha que senta ao seu lado na sala de aula quanto aquela garota ou aquele garoto em quem você está de olho há tempos e não sabe como se aproximar – precisam gostar do que veem e ouvem. Apenas tome cuidado para não virar um(a) boca-aberta (glossário de gírias novas: "boca-aberta" = pessoa que ri de tudo) nem ficar agindo de forma forçada ou exagerada para agradar aos outros; isso pode fazer você se tornar popular por algum tempo, mas logo as pessoas vão se cansar e te deletar geral (glossário de gírias novas: "deletar geral" = cortar relações com alguém definitivamente). Hoje, a diversidade está cada vez mais em alta, o que deixa você livre para ser você mesmo(a) e expressar suas ideias de boa, lembrando sempre de respeitar o gosto e a opinião dos outros.

(caindo a ficha...)

Olha só que *loser*, a festa nem começou e eu já estou dando a senha (ahuahuahua). Fica sussa, porque essas dicas e muitas outras vão aparecer conforme você for lendo este manual, e não preciso dizer o quanto ele vai ser importante na sua vida.

Você sabe muito bem por que chegou até aqui e está lendo com tanto interesse, por mais que digam que a necessidade de se tornar popular é babaquice ou coisa de quem não tem nada mais útil na cabeça. Só quem sofre na pele sabe que a falta de popularidade é um problema real na vida de muitas pessoas, que se sentem excluídas e até humilhadas pelos diabinhos e diabinhas de plantão . Se esse não é o seu caso e você quer apenas perder a timidez, ótimo! Aqui você também vai encontrar dicas úteis para se comunicar melhor com as pessoas.

Por isso, não dê ouvidos àqueles que se acham os donos da verdade e ficam vomitando lições de moral sem nenhuma base na realidade. Este livro existe porque a sua necessidade existe. Então, vá em frente, conquiste a popularidade de que precisa e esqueça o anonimato.

Go, go!

Para quem quer uma definição mais teórica, lá vai:

Segundo a Wikipédia (vamos ser mais atuais), “cultura popular, cultura de massa ou cultura pop é a cultura vernacular – isto é, do povo – que existe numa sociedade moderna. A cultura popular é determinada em grande parte pelas indústrias que disseminam o material cultural, por exemplo, as indústrias de cinema, televisão, música e impressos, bem como os veículos de divulgação de notícias. No entanto, a cultura popular não pode ser descrita como o produto dessas indústrias; antes, é o resultado de uma interação contínua entre elas e as pessoas pertencentes à sociedade que consome seus produtos".

Acho que você já sacou que quem interage melhor com tudo isso automaticamente se torna mais popular. É como se fosse uma moeda de troca: quando você se interessa pelo mundo, automaticamente o mundo se interessa por você, mas existe um jeito de fazer isso acontecer mais rápido do que imagina.

Quer saber como?

Vem comigo...

1

"Todo mundo gosta de mim"

Attention

Se você é anônimo ou anônima, o Ministério da Popularidade adverte: NÃO LEIA A PRÓXIMA PÁGINA. DE JEITO NENHUM. JAMAIS. NEVER. OH, MY GOD. JESUS, APAGA A LUZ. AHUAHUAHUAHUAHUAHUAH. É MARA!

OK, vira esta página de uma vez, mas eu não me responsabilizo pelo monstro que você pode se tornar!

Muahh ha ha ha

Bom, já que você é do time dos desobedientes e resolveu ler esta página, ao menos aqui não vai levar advertência nem suspensão como na escola. Ao contrário, já ganhou alguns pontos, porque mostrou que pode pensar com a própria cabeça e não só seguir aquilo que mandam você fazer.

Mas agora, sinto muito, você vai ter que me obedecer: já para a frente do espelho!

Vai, não faz essa cara de derrr,  isso é sério.

Talvez seu rosto não seja o mais bonito nem tão bem cuidado, mas tudo tem solução. Na verdade, esse exercício serve para ver bem mais que simplesmente suas semelhanças com algum artista top do momento. Até mesmo porque a imagem da Hannah Montana ou do Zac Efron é passageira. Eles também vão crescer e mudar. Assim, o melhor é você ser apenas você.

O que eu quero é que você fixe a atenção em seus olhos e tente descobrir, lá no fundo, aquilo que realmente quer...

Desculpe, mas não preciso ser o mestre das adivinhações para sacar o que é. E não tem nada a ver com aquela viagem superdescolada com a galera nem com seu Nintendo Wii. Tampouco com roupas de grife, corte de cabelo, aquele iPhone com todos os aplicativos e sons ou qualquer coisa material. A resposta é simples e está diretamente ligada ao motivo pelo qual comprou este livro: você quer que o mundo aceite e ame você!

Menos, menos, eu sei...

Mas, tirando o exagero, até que eu acertei, não?

Se você quer que pelo menos uma partezinha do mundo goste de você, tipo a galera da escola, do bairro, do clube e onde mais você trombar com “gente como a gente”, em primeiro lugar é necessário dar o exemplo e gostar também.

O que isso quer dizer?

Simples: de nada adianta querer cativar os outros se não consegue cativar nem a você.

Continue obediente, pois eu ainda estou no comando...

Agora, repita: "Eu sou o máximo!". Mas não precisa gritar, cabeça, basta dizer isso com a mente, só para você, olhando nos olhos.

Não rache o bico achando que este é mais um livro de autoajuda. Isso é pura técnica. Quando dizemos "eu te amo" todo dia para alguém, é como se o amor se alimentasse disso, aumentando de tamanho. Da mesma forma, se você sempre disser que acredita no seu potencial, sua força vai aumentar. Isso significa que você não precisa de ninguém para descobrir que pode ser alguém, ou melhor, só precisa de você mesmo.

Eu conheço um garoto baixinho que usa óculos e faz muito sucesso entre as meninas. A galera paga muito pau, e não é só puxa-saco que fica perto dele, não. São amigos de verdade ou pessoas que querem ser. E sabe por quê? Porque ele tem luz própria, quer dizer, ele se ama.

Você deve estar achando muito esotérico esse papo de luz, amor, então, vamos ser mais práticos. Imagine que você agora é outra pessoa e responda a uma perguntinha bem simples: se alguém apresentasse você a esse alguém que acabou de deixar de ser, perderia seu tempo conversando mais de dez minutos com a criatura ou sairia fora?

Essa resposta tem de ser sincera...

Se foi positiva, você ainda tem chance, porque, no fundo, sabe que pode ser tão ou mais interessante que o meu conhecido baixinho e tornar-se muito popular. Se você respondeu "não", ainda está em tempo de fazer alguma coisa, e a boa notícia é que você não vai precisar inventar modinha nem nascer de novo. Tem uma frase no mundo da comunicação que diz: "Nada se cria, tudo se copia". Isso não significa que você deva sair por aí copiando as ideias ou o jeito de ser dos outros, até porque isso pega muito mal e só dá certo no quadro "O Impostor" do *Pânico na TV*. Mas nada impede que você olhe para os lados e se inspire em quem acontece por aí. Aproveite isso como uma "base" e acrescente o seu próprio "toque de mestre(a)".

Falando assim, parece simples, mas sei que não é.

Imagine que você é um ator ou uma atriz, está fazendo um filme e tem de representar seu personagem sem fugir do texto. Isso funciona porque um personagem é uma espécie de escudo que nos protege e, aconteça o que acontecer, não somos afetados.

Como eu trabalho na área de comunicação, já vi pessoas tentando espelhar-se, por exemplo, em apresentadores de rádio ou de TV, mas ficava tão *fake*, tanto o estilo da voz quanto a expressão do rosto, que não conseguiam prender a atenção da galera e ainda acabavam pagando de cópia malfeita. O melhor, então, sempre, é ser natural, o que significa que você até pode lembrar alguém, mas sem jamais deixar de ser você em primeiro lugar.

No dicionário, a palavra *natural* significa:

Inato, congênito. Instintivo, maquinal. Próprio, peculiar. Sem artifício, espontâneo.

Isso deixa claro que a naturalidade não combina com algo forçado, mas não quer dizer que ela não possa ser treinada. Quanto mais você pratica alguma coisa, melhor e mais natural ela fica. Então, não perca tempo e comece dando uma turbinada no bicho (glossário de gírias novas: "turbinada no bicho" = aprimorar algum talento ou habilidade); na prática, o seu foco tem de ser o que eu chamo de PPA (Postura, Personalidade e Atitude), ou seja, vá para os lugares que costuma frequentar ou até mesmo aqueles que te obrigam a ir vestido(a) com simpatia, bom humor, boa comunicação e muito jogo de cintura, porque, desse jeito, EU GARANTO que você vai conseguir se dar bem em todas as situações. No começo, pode parecer difícil e, muitas vezes, você vai ter de contar até dez para não explodir, mas, com o tempo, vai ficar tão automático quanto escovar os dentes.

Como este livro está ensinando a ser popular, não posso deixar de dizer que existem dois tipos de popularidade: a negativa e a positiva. Você sabe que para fazer sucesso de qualquer jeito não precisa nem de uma semana, basta tratar mal quem estiver na sua frente, ser arrogante, dizer em público que não gosta de determinadas pessoas, espalhar intrigas, e o principal: achar que manda em todo mundo e começar a pedir favores em tom de ordem. Assim, como num passe de mágica, estará feito o negócio e você será popular. A galera vai saber quem você é, mas prepare-se: não haverá uma viva alma que irá suportar sua presença.

Isso é realmente muuuito ruim, mas ainda bem que falamos apenas do lado escuro da popularidade. Xôôô. Agora, vem o lado positivo...

Aquele que traz a parte boa da história, como os amigos e as amigas que te convidam para festas, conversas, risadas e muitas outras paradas da hora. E o melhor: esse tipo de popularidade faz a galera chegar mais não porque tem que te engolir, mas porque gosta de você de verdade.

Para ser popular assim, tente...

- não tratar ninguém mal, colocando o dedo na cara, xingando ou coisa pior, ainda que isso possa doer mais em você.
- (De novo) Contar sempre até dez. Se precisar, conte outra vez. Moderação é a sua senha, tudo deve ser na medida, nem a mais, nem a menos.
- Agir na humildade e nunca chegar chegando. A tática é mostrar sempre menos do que você tem ou pode oferecer; ninguém gosta de leke se achão e menina metida a gostosona.

- Não passar uma cantada ridícula ou achar que, porque está de TPM, pode sair atropelando todo mundo como um trator.
- Falar gírias novas, antigas, regionais ou qualquer palavra inédita que aprender, porque uma pessoa popular vive no mundo globalizado e não num lugarzinho no meio do nada. Seu dever, como popular, é transmitir tudo, nem que seja uma expressão do bairro (vai que pega!).
- Ser original, não apenas no visual, mas também no palavreado. Crie alguma frase que marque quem você é, pode ser apenas uma palavra, mas que seja fácil de fixar. A galera vai acabar repetindo e lembrando sempre de você...
- Não alugar demais os outros para que eles não fujam ou queiram distância de você.
- Deixar os outros falarem e ouvir sem pressa (tipo: olhando no relógio ou se mexendo sem parar).
- Não desacreditar do que te contam, ainda que pareça a maior mentira do mundo.
- Sempre fazer de tudo para descontrair a galera, deixando um rastro de felicidade por onde passar. Quando não tiver nada de bom para dizer, simplesmente fique na sua.
- Não pagar de sem-noção e sempre dar sua opinião, mas, claro, de boa, tomando todo o cuidado para não ofender quem está na sua frente.
- Buscar sempre a amizade em primeiro lugar; se não rolar, você tentou.

- Mostrar que quer fazer sua parte e não sair mandando os outros fazerem. Iniciativa é coisa de gente popular; mandar é coisa de gente odiada.
- Jamais sair falando mal de alguém, principalmente perto de pessoas que possam se aproveitar disso para se promover.
- Não falar sobre o que você não entende; pagar de burro é péssimo.
- Nunca ter vergonha dos mais velhos. Saia com seus pais, até com seus avós, e inclua todos eles no seu círculo de amizades, mas faça isso apenas se eles quiserem e se sentirem à vontade.

Se o que você quer é que as pessoas gostem e se sintam bem na sua presença, o caminho é esse. Sabe quando você dá ou recebe um presente? Você olha para a embalagem, não olha? E gosta quando ela está bonita, caprichada, não é verdade? Mas não basta uma embalagem bem-feita, o papel tem de ser bom, com uma cor ou um laço que chame a atenção, certo?

Então, ser popular é exatamente isso: você embalado ou embalada para presente.

Acredite, tudo ficará bem mais claro nos próximos capítulos deste guia, mas, por agora, fique com mais uma dica muito importante: construir uma imagem não é coisa para elefantes, mas sim para formiguinhas, colocando um tijolo de cada vez e dando tempo para as pessoas se acostumarem com o seu jeito. Se for com sede demais ao pote, além de parecer sem noção ou *loser*, logo todos ficarão cansados de você, afinal, tudo que é demais enjoa.

Outra parada em que você tem de se ligar: é muito mais difícil reconstruir uma imagem detonada do que criar uma boa aos poucos e na medida certa. Essas coisas são realmente complicadas; conheço pessoas que não conseguiram limpar a barra depois de queimarem o próprio filme, e para ser popular é muito importante que você esteja sempre bem na fita.

2

Superioridade
x
Igualdade

No decorrer dos anos, me liguei que várias pessoas amam ser pisadas, principalmente quando se trata de relacionamento amoroso. Vi vários amigos meus sofrerem, tanto garotos quanto garotas. Isso também vale para as amizades e relacionamentos em geral. Na realidade, quando você é o exemplo de amigo que todo mundo quer e é superlegal, consegue cercar-se de pessoas que valem a pena, mas, como o ser humano sempre nos decepciona à medida que o conhecemos melhor, mais hora, menos hora, acabamos levando um pé na bunda ou não somos tão valorizados quanto deveríamos. Isso não significa que temos de ser carrascos com todo mundo.

Bom, todo esse discurso inicial é para dizer uma verdade simples: seja realmente bom ou boa somente com quem merece. Isso é uma espécie de troca.

Agora, com os demais, siga as regras abaixo...

De nada adianta você ser "o bonzinho" ou "a santinha" com quem mal conhece, até porque a maioria das pessoas considera esse tipo de gente desinteressante. Claro, você não precisa sair na rua com cara de quem comeu e não gostou, nem deve, afinal, temos de conquistar pela eterna simpatia (se liga no capítulo 3: "Notando e se fazendo notar"), lembrando que, no final, todo mundo acaba colhendo aquilo que plantou. Por outro lado, se você ficar babando o ovo dos outros pode soar como falsidade, porque todos temos dias ruins, e quem está sempre com a cara plastificada mostrando os dentes é traíra. E se somos traíras, acabamos atraindo pessoas do mesmo naipe, o que não é nada bom, porque na sua frente podem falar bem de você, mas, pelas costas...

Resumindo: nem mala sem alça nem saco de pancadas, nem oito nem oitenta, nem no fundo do mar nem no topo da montanha. Então, como agir?

O segredo está no equilíbrio, o popular "meio-termo". Você não precisa gostar, não precisa amar, não precisa ser apenas sorrisos nem um montinho de ódio, mas respeitar é obrigatório. Sempre.

Ahhh... Aqui está a palavra certa: RESPEITO. Ninguém consegue entrar em fria quando respeita o outro, porque o respeito reflete, contagia, vai e volta, como um bumerangue. Você pode abominar determinadas posturas, como ser um emo, por exemplo, mas, se agir na moral e souber respeitar a escolha de cada um, não só vai receber o mesmo tratamento como vai até ser admirado(a) por isso. E admiração mais que combina com popularidade.

Mas, ligue-se: marque presença pelo respeito em primeiro lugar, porém faça valer suas palavras. Muita educação em meias palavras causa o mesmo efeito da pessoa boazinha, e os outros vão achar que podem montar em você. Então, deixe claro que, assim como você trata bem todas as pessoas, também faz questão de receber o mesmo tratamento.

Se alguém te tirou e você não curtiu, a indiferença é a melhor forma de agir. Fique em silêncio, continue fazendo o seu e, em seguida, comece a conversar com outra pessoa sobre algum assunto interessante, deixando claro que aquilo não passou nem de raspão. No caso de tiradas mais agressivas, o ideal seria você ficar na sua também, mas faça isso apenas se perceber que não se repetirá. Eu mesmo encontrei muita dificuldade com esse tipo de roubada alguns anos atrás. Por isso, vamos por partes:

Se a criatura que está tirando você não é do seu convívio, o ideal é mesmo dar um gelo.

Masssss...

Caso seja alguém mais chegado e você já sabe que a bagunça pode se repetir, espere a segunda vez e responda à altura, assim o mala ou a sem-noção vai perceber que você realmente tem a resposta certa e não está de brincadeira. Eu sei que é muuuito difícil responder à altura sem partir para a ignorância, mas, na pior das hipóteses, eu aposto que quem começou tem mais chances de sair por baixo. Não vou dizer que seja fácil, até porque, como já confessei, também passei apertado com esse tipo de roubada. O ideal é rir e responder tirando a pessoa em dobro, de preferência de uma forma que só ela perceba, porque assim você não paga de ofendidinho(a) para o resto da galera. Nesse caso, eles ou elas ainda vão tomar suas dores, porque, afinal, alguém tentou te arrasar e, para todos os efeitos, você ficou de boa.

Muito complicado? Nada que alguns exercícios não resolvam... Se liga:

Pessoa que te afronta diz: "Você é feio(a)!".

Você responde: "Sou feio(a) mesmo (dê uma risada). Mas pior é você, que é feio(a) e tem uma verruga na bunda" (dê outra risada).

Se puder, nesse exato momento, saia do local e deixe a pessoa falando sozinha. Assim, ela vai perceber que você não deixou barato e pensará melhor antes de tentar uma próxima vez.

Pessoa que te afronta diz: "Nossa, olha o cabelo dele(a), parece que levou um choque!".

Você responde: "Verdade, nem te contei, mas antes de sair de casa eu enfio o dedo na tomada pra ficar com esse *style* superchoque".

A galera vai rir muito mais, e melhor, não vai rir de você, mas com você. Duvida? Faça o teste e depois me conte.

Pessoa que te afronta diz: "Nossa, que trabalho péssimo! Você é muito ruim...".

Você responde: "Pois é, estava mesmo pensando... o que eu devo fazer para ser assim como você?" (olhe com uma cara de quem quer aprender).

Isso vai desmontar a peça. Geralmente quem critica não tem nada a ensinar, até mesmo porque, se soubesse, já chegaria ensinando ou com alguma solução para o seu problema, e não simplesmente apontando o dedo.

Veja bem, parece meio simples e óbvio, porém, quando as coisas nos pegam desprevenidos, quase sempre acabamos engolindo um sapo e pensando: "Podia ter dormido sem essa!". É exatamente isso que faz você se sentir um zero à esquerda, e, para evitar essa meleca, prepare-se para ter algumas respostas na ponta da língua.

Um bom exercício para esse tipo de situação é a brincadeira do "Troca". Chame um ou dois amigos ou amigas e comece a contar uma história; quando esquentar, alguém diz "TROCA" e, nesse momento, você tem de mudar completamente de assunto. Depois de duas ou mais mudanças, pode passar a bola para outra pessoa, dizendo "CONTINUA". E ela terá de prosseguir contando algo, também obedecendo ao comando do "TROCA", e assim por diante. É uma brincadeira da hora, porque, dessa forma, você vai conseguir se exercitar para ter respostas imediatas. Não é algo que o deixará mais popular, mas, com certeza, todos vão começar a considerar você alguém acima da média, o que já é meio caminho andado.

Certo?

Certo! Então, vamos em frente...

Deixe sempre as pessoas com "gostinho de quero mais", quer dizer, você tem dois ouvidos e uma boca, então, use-os nessa proporção.

Captou?

Ainda não?!

Então, lá vai: nunca fale demais, porque quem fala demais geralmente não tem nada a dizer.

Na verdade, a intenção dessa tática do "come pelas beiradas" é não mostrar tudo de você na primeira conversa. Assim, os outros nunca vão perder a vontade de te conhecer mais a fundo. Quando nos abrimos demais, a impressão que a galera tem é de que a fonte secou, aí não há santo pop que dê jeito.

Você não precisa ir longe para sacar isso, basta pensar no seu próprio caso: quando está numa balada com amigos ou amigas, na sala de aula ou na academia e, de repente, alguém – amigo(a) de amigo(a), primo(a) de amigo(a) ou qualquer ser figurante que ouse entrar na sua vida – chega chegando, falando feito uma matraca, contando tudo sobre a própria vida e a vida dos outros, o que você pensa? *Stop?* Socorro? Tirem esse jegue daqui? Se, ao contrário, a pessoa não fala mais que a boca, responde ao que você pergunta, não interrompe a toda hora, escuta e mostra ter interesse pelas mesmas coisas que você, deixará um "gostinho de quero mais" e você vai querer saber mais sobre ela. À primeira vista, você pode nem perceber, mas, ainda que inconscientemente, isso ocorre, é só se ligar.

E já que o assunto aqui é superioridade × igualdade, não tem como não dar um tapa numa paradinha muito batida, que parece chover no molhado, mas é muito importante quando temos de lidar com as pessoas: humildade. Nunca saia por aí como se estivesse em cima de um pedestal, porque isso afasta as pessoas.

Sabia que até para contar uma piada temos de ser humildes?

Sim!

Aqui vai uma perguntinha básica: as suas piadas são realmente boas?

Se você respondeu imediatamente que sim, tenho minhas dúvidas. Ninguém é 100% o tempo todo (cuidado com o pedestal!).

Agora, eu pergunto de novo: ter falhas é algo tão grave assim, como uma doença contagiosa?

Claro que não, faz parte do jogo, todo mundo já ouviu dizer que errar é humano e, quer saber?, isso é a mais pura verdade. Agora, tem uma coisa, quando você perceber que sua piadinha foi mal, corrija na hora, jamais deixando que os outros percebam isso antes de você. Mais que humildade, isso prova que você se liga nas coisas. Se ocorrer de se distrair, deixar passar o lance e todo mundo começar a rir da sua cara, ria junto com eles do seu próprio fracasso. É melhor que tentar fazer um erro parecer um acerto e ainda querer comprar briga. Desculpe, mas isso é atestado de burrice.

Para concluir esse assunto, que é um tanto quanto embaçado, se liga agora no que você não pode esquecer de maneira alguma:

Primeiro, a parada do equilíbrio e do respeito, porque essa briga entre superioridade e igualdade sempre vai ocorrer dentro de você. Uma hora, vai estar de boa, em paz com a galera, até vai sorrir quando pisarem no seu pé; na outra, vai cuspir fogo e ficar com vontade de fazer mil e uma maldades só de alguém olhar um pouco atravessado para você. O segredo, então, é saber dar aos fatos a exata importância que eles têm. Quando alguma coisa te tirar do sério, pergunte-se: amanhã, isso vai fazer alguma diferença para mim? Se a resposta for não, nem vale a pena perder seu tempo.

Outro toque que não pode passar batido nisso tudo e foi explicado aqui é: nunca queira se fazer em cima das suas próprias qualidades. É preferível assumir os erros, falar mal da própria piada, até prevenindo alguma colocação na qual você tenha feito confusão (ninguém é infalível, lembra?), tornando-se, assim, uma pessoa mais divertida, a querer pagar de sabe-tudo ou dono(a) da verdade. Se agir como o bonzão ou a gostosona, a única coisa que vai conseguir é que os outros falem mal, muitas vezes pelas costas, o que é pior. Quando se tratar de uma parada que você realmente domina, pode dar uma de gás da Coca (glossário de gírias novas: "gás da Coca" = pessoa que se considera o máximo) e reforçar essa sua qualidade, porém jamais compare ou desmereça aquilo que os outros fazem, mesmo que você seja melhor. Apontar defeitos nas outras pessoas, zoando com a aparência ou a forma de se vestir, também é péssimo, porque você pode correr o risco de estar falando mal de alguém e não perceber que quem está do seu lado tem o mesmo problema, ganhando um inimigo silencioso que vai puxar seu tapete na primeira oportunidade.

Se você estiver com a língua coçando muito e quiser falar bem de você mesmo(a), às vezes para impressionar alguém que está perto e lhe interessa, use a tática da comparação positiva, ou seja, coloque alguém que esteja presente em pé de igualdade com você: "Ah, eu sou tão bom quanto o meu amigo aqui!"; "Minha amiga também não fica para trás!".

Isso faz com que a galera veja que, além de você ser fera, ainda tem uma testemunha disso, deixando você muito bem na fita. A humildade nesse caso também vai cair muito bem, porque vai parecer que você não quer ser o centro das atenções e, justamente por isso, acabará sendo. Não sei se você se tocou, mas essa simples atitude vai fazer você matar três coelhos com uma cajadada só, e o resultado é da hora: você acabará sendo superior e igual ao mesmo tempo, que é o ponto-chave da popularidade.

"Como assim?"

Este é o segredo deste capítulo, que eu guardei para o final...

Tcham,
tcham,
tcham,
tcham...

Não é suspense bobo, sério: no título deste capítulo, entre as palavras *superioridade* e *igualdade* há um símbolo de oposição (x), mas, na verdade, elas formam uma dupla mais que dinâmica e adiantam muito o lado de quem quer ser popular. Dá para entender legal se você pensar que uma pessoa realmente pop é alguém com quem você se identifica, porque é igual a você (igualdade), mas que também admira, porque se destaca e está acima da média (superioridade).

Pode reparar como existem muitas pessoas que são famosas mas não são populares de verdade, na maioria dos casos porque atendem apenas ao lance da superioridade, mas não da igualdade. E as pessoas abominam quem se acha em excesso, seja pela aparência, seja pela inteligência, principalmente quando ficam desmerecendo os outros.

Dica saideira: você pode se achar bom ou boa, mas não passe recibo disso; deixe que a galera chegue a essa conclusão por ela mesma, e sempre reconheça o valor de quem está à sua volta. Só assim você conseguirá realmente se tornar popular.

3

Notando e se fazendo notar

Em primeiro lugar, espero que você tenha deixado sua timidez em casa, pois ela acaba com qualquer sonho de popularidade. Se você quer chamar atenção, tem de ir aonde o povo está, e lá não é vitrine de loja, então, nem pense em ficar pagando de estátua; se for assim, é melhor ficar na sua cama se virando de um lado para o outro e fazendo sucesso entre as cobertas.

Tudo bem, eu sei que no começo é difícil, mas não adianta nada desanimar nem fazer o número "É mais forte que eu, não consigo". Corta essa. Sabe esses testes que as revistas vivem publicando para o leitor avaliar se é tímido ou está bem na foto? Uma das perguntas é exatamente a seguinte: "Se você fica sabendo de um lugar onde pode encontrar conhecidos mas está sem uma companhia fixa, você vai mesmo assim?". Quem responde "sim" já ganha um ponto positivo para sua popularidade. É claro que, se você é iniciante nisso, o melhor é convidar vários amigos e amigas, mas nunca aqueles que podem fazer feio e queimar seu filme. Após ter certeza disso, se mande para a pista.

Agora, se mesmo na companhia da galera você não souber direito como agir, aqui vai uma dica bem simples: observe como os mais populares agem, conversam, gesticulam, dançam. Isso é tudo uma questão de percepção e de algum treino.

Vamos por partes...

Escolhendo a balada

Vamos começar pelo básico do básico: o tipo de balada. Você sabe em qual delas tem mais chance de se dar bem?

Naquelas que têm tudo a ver com você, a ponto de parecer que o DJ da festa é seu irmão gêmeo!

"Mas, para ser popular, não seria bom eu me torturar um pouquinho ouvindo o que não gosto só para ter a chance de conhecer pessoas novas?"

Errado, meu *brother* ou minha *sister,* o caminho é exatamente o contrário e, para sua sorte, muito mais fácil: você não precisa criar mil planos. Basta escolher as baladas que estejam totalmente de acordo com sua idade e onde possa encontrar pessoas que conversem sobre assuntos dos quais você está por dentro.

Uma dica é apostar em lugares que tocam músicas do seu estilo, porque, com certeza, a galera que frequenta tem a ver com você e será mais fácil ficar à vontade e manter a naturalidade, um dos principais pontos para ficar bem na fita.

Para se dar bem na balada e sair de lá mais popular do que entrou, o mais certeiro é procurar pessoas que gostam de você à primeira vista. Claro, quando sentir mais segurança, pule essa etapa e comece a conhecer mais pessoas em novos lugares, mas esteja REALMENTE no seu momento sênior (glossário de gírias novas: "momento sênior" = momento em que a pessoa já tem experiência e consegue se sair bem numa determinada situação), pois em terra de estranhos não há espaço para amadorismo, baby.

Nem antes, nem depois: o momento exato

Uma pessoa popular nunca é a primeira a chegar à festa, da mesma forma que não é a última a sair. Pessoas pop criam expectativa sobre sua chegada com a demora e deixam "gostinho de quero mais" com a saída antecipada. Assim, mesmo sem saber, os outros sempre estarão esperando por você e requisitando sua presença.

É claro, enquanto você ainda não chegou nesse estágio de popularidade, vá com calma e use outras estratégias. Para começar, pode tentar participar da organização da festa e ajudar a divulgá-la ou até mesmo vender os convites. Assim, você acabará conhecendo uma galera nova.

Se não curte essas coisas nem tem influência para isso, chegue mais cedo à festa. Eu sei que pessoas pop sempre fazem hora para dar as caras (você aprende rápido!), mas o lance aqui é outro: se você não conhece quase ninguém, o ideal é chegar mais cedo, com os amigos, é claro, e se familiarizar com o ambiente e as pessoas que forem aparecendo. Simpatia, sorriso no rosto, cumprimentos olhando nos olhos e assim por diante. Nesse caso (e somente nesse caso), chegar mais cedo é uma boa estratégia para se familiarizar e conhecer pessoas novas de uma forma mais rápida.

Já a despedida é outra história: jamais saia tarde; se for preciso, invente um compromisso e vá embora bem mais cedo. Você vai se divertir bem mais e as pessoas podem notar sua falta, acreditando que sempre recebe altos convites, mesmo que seu "outro compromisso" seja apenas e tão somente a sua cama. O que importa é deixar os outros pensando que saiu porque requisitaram sua presença em outro lugar. Se tiver outra balada para ir, melhor ainda, assim você não perde a noite e ainda deixa todo mundo morrendo de inveja.

Luz, câmera, ação: a chegada manda

Em todos os filmes, principalmente os americanos, que mostram cenas de colégios, bailes de formatura e situações de popularidade em geral, vemos que o que manda é sempre a primeira impressão. É nesse momento que você vende sua imagem para todos e eles têm de comprar de cara ou...

Em uma festa, o "tudo ou nada" rola na sua chegada. Se você chegar como um paspalho ou uma preia (glossário de gírias novas: preia = menina boba), será um paspalho ou uma preia a festa toda. Então, assista a filmes e treine em frente ao espelho. Uma entrada triunfal é feita com passos curtos, uma leve parada e uma caminhada "no estilo câmera lenta". Não precisa ser um astro do rock ou uma *top model*, mas precisa se sentir um deles.

Óbvio: enquanto não estiver preparado para entrar arrasando nos lugares onde rola mais ferveção, treine no barzinho da esquina com alguns amigos. Assim, menos pessoas verão você e, se for muito mico, será em menor proporção. Isso serve, é claro, para qualquer pessoa, desde que esteja no lugar certo; não adianta querer chegar dessa mesma forma a um velório, por exemplo.

Treine, e não se esqueça de fazer isso com naturalidade. Somente assim você conseguirá trazer para fora a luz que tem dentro de você e passar a ser o centro das atenções.

Cumprimentar estranhos

Bom, se você não conhece muitas pessoas na sua escola, empresa, academia ou cidade em geral, basta você ser "cara de pau". É difícil? Não vou dizer que seja fácil, mas a timidez é um fato horrível, você deve eliminá-la da sua vida, caso contrário não chegará a ser popular nem na sua própria casa.

Se você já é maior de idade, nem pense em esconder sua timidez atrás do primeiro gole, porque para começar a exagerar é um pulo e você vai acabar pagando o maior mico. Meu papel aqui é treinar você para vencer a maldita (timidez) a seco, sem beber, daquele mesmo jeito que você consegue fazer em casa, quando não tem ninguém por perto. Vai dizer que nunca arriscou dar uns passinhos estranhos, tipo dança do "Créu", "Periquita", "Macarena" e até aquele indecente "vai, Lacraia, vai, Lacraia!"? Não negue, porque você poderia até ganhar um Oscar por essa atuação incrível (ahuahuahua).

Aliás, é exatamente nesse ponto que eu quero chegar. Oscar = Cinema = Melhor Ator/ Atriz. O ponto de partida para você começar a vencer o cagaço e se dar bem quando estiver em público é INTERPRETAR. Já dei essa dica no capítulo 1 ("Todo mundo gosta de mim"), mas vale a pena reforçar aqui.

Você nunca ouviu dizer que existem atores que são supertímidos, mas, quando sobem no palco, arrasam? Qual é o segredo, então?

Naquele momento, e só naquele momento, diante da plateia, eles não são eles, então, adeus timidez! Claro, você não precisa fazer um papel totalmente diferente do seu jeito de ser, senão ninguém vai reconhecer você ou vão chamar os homens da camisa de força.

Moral da história: não tem nada que o álcool faça que você não possa fazer sem ele.

Agora, se você acha que eu estou errado, porque sem álcool seu corpo trava e não consegue agir, então, desculpe, mas você é uma porta. Afinal, a humanidade criou o álcool ou o álcool criou a humanidade? Você é quem está no controle da situação, nunca se esqueça disso.

No mais, é só continuar marcando presença nas baladas, festinhas, eventos, interpretando sempre que possível e, quando você perceber, isso já vai estar fazendo parte da sua vida. Tudo é uma questão de hábito, já diziam os monges.

Sem zoeira agora, quando alguém olhar para você nesses lugares (claro, se não for o segurança ameaçando te colocar para fora ou seu ex-caso sério (glossário de gírias novas: ex-caso sério = ex-namorado ou ex-namorada) a ponto de pular no seu pescoço), cumprimente sorrindo, afinal, deve ser alguém com quem você vai cruzar de novo na escola, em outras festas, enfim, nos lugares onde circular por aí. Não precisa economizar na educação e cumprimente quantas vezes achar possível e necessário, afinal, ser popular não é apenas ser conhecido(a), mas também conhecer. Esse é o segredo para formar uma rede de contatos realmente útil. Por exemplo, quando você conhece um promoter ou alguém que trabalha nunca casa de show, não consegue um lugar vip, escapa das filas e, muitas vezes, nem paga? Então, imagine isso multiplicado por dez, cem, mil...

Portanto, você precisa conhecer as pessoas certas, saber o nome, quem são, o que fazem. Isso se chama política de relacionamento, como fazem aquelas pizzarias com identificador de chamadas. Você se sente muito à vontade porque eles já sabem seu nome, têm seu endereço e a única coisa que falta é escolher o sabor da pizza. Então, seja você uma pizzaria com identificador de chamadas. As pessoas que se aproximarem sentirão que você realmente se importa com elas e acabarão dando mais moral para você, a ponto de inserir seu nome na lista de amigos de blogs, sites de relacionamento e até na agenda pessoal. Aí você se prepara, porque vai começar a chover convites para festas, eventos e outras paradinhas onde, na pior das hipóteses, você sempre vai poder ampliar sua rede de contatos.

Uma coisa que sempre me perguntam é o que fazer quando estamos conversando com alguém e dá um branco total, a ponto de você não saber nem o nome da figura. Se isso ocorrer, não caia no ridículo de querer parecer que tem muita intimidade só para disfarçar, dizendo que lembrou dela ontem, "Você não morre tão cedo" ou algo assim. Isso é péssimo e logo a máscara cai. Se perceber que não vai ter jeito de lembrar, nem olhando bem para o físico da pessoa que está na sua frente, use a boa e velha sinceridade e diga que teve um branco. Faça isso com simpatia e aproveite o gancho para puxar mais assuntos e continuar a conversa, até que o mico seja totalmente esquecido.

Passo a passo na hora de cumprimentar pessoas

Não é preciso ter frescura na hora de cumprimentar amigos, e você pode deixar que a confiança e a liberdade comandem. Já com pessoas que são apresentadas a você, valem alguns cuidados.

A forma correta de cumprimentar alguém é por meio de um aperto de mão, mas existem alguns toques importantes. Vamos lá:

• Em primeiro lugar, estenda sempre a mão direita.

• Também é muito importante que você olhe nos olhos da pessoa enquanto cumprimenta, mostrando interesse de sua parte.

• O aperto de mão deve ser firme, porém não vá querer quebrar a mão da outra pessoa. O negócio é o meio-termo, nem violência, nem coisa frouxa. Detalhe: jamais sacuda a mão, simplesmente aperte.

• O normal é cumprimentar com a mão, não com um beijo, por isso tem aquela famosa regrinha do "um segundo": espere um segundo antes de partir para beijar a pessoa e saque qual é.

Você sabia?

Se na hora de cumprimentar pessoas você tende a deixar sua palma da mão virada para cima, significa que prefere ser dominado(a); já quem mantém a palma da mão para baixo tende a querer dominar, mesmo que inconscientemente.

Dançando conforme a música

O lance de se adaptar a cada tipo de evento é muito importante, porque dá a medida exata da popularidade que queremos atingir. Se você se sair um verdadeiro fiasco, ficará popular, mas a que preço? Motivo de piada na família? Pior, no colégio?

Se, por outro lado, você se ligar nos detalhes, dificilmente vai errar a ponto de virar assunto das rodinhas na hora do intervalo da aula. Vale até usar a intuição, mas como nem sempre podemos confiar na nossa bola de cristal nem na nossa velha "Mãe Dinah", melhor não arriscar e apostar no que dá mais certo em cada caso. Sobre as baladas, já comentei bastante. Agora, saca só:

Casamentos

Você deve sempre chamar atenção, onde quer que esteja, mas, *hello!*, vamos com calma, porque pega muito mal querer aparecer mais que os próprios noivos. O brilho maior cabe aos donos da festa e, se você souber respeitar isso, também vai brilhar, acredite.

Se o casamento for à noite, nunca use roupas claras, porque elas são para as estrelas do casório ou para os garçons. Porém, vale abusar do seu estilo próprio e circular bastante pela festa, sem esquecer de aparecer no maior número de fotos possível. Não tenha vergonha, permaneça sempre perto dos fotógrafos e atire-se aos holofotes, mas não em qualquer foto nem com pessoas que não conheça, senão vão pensar que você é um débil ou uma piriguete e acabarão chamando os seguranças.

Postura também nunca é demais, então, não saia comendo feito um leitão ou uma rinoceronta nesse tipo de lugar, nem bebendo demais.

E lembre-se: não queira competir com o padre ou a banda de músicos e mantenha o tom de voz baixo ao falar.

Festas à tarde

Sempre que puder, use peças mais esportivas, a menos que o evento seja social, é claro. Roupas mais claras sempre caem bem, principalmente se a maioria das pessoas estiver usando roupas escuras. Invista nesse tipo de contraste para garantir sua popularidade, mas nunca chegue aos extremos, como se quisesse fazer um estilinho, porque isso não cola com todo mundo e você precisa da aprovação de pessoas das mais diversas idades para se tornar popular. Se for *style* demais, vai passar por criança rebelde que quer chamar a atenção, e isso não está com nada. Claro que quem tem muito dinheiro pode se dar ao luxo de ser extravagante e armar um circo em torno disso, como Michael Jackson, mas nem ele escapou do rótulo de bizarro.

Outra dica sobre festas que começam cedo é nunca ficar até muito tarde. Como já expliquei antes, o melhor é deixar o povo babando pela sua presença (ahuahuahua). Mesmo que todos os seus amigos queiram ficar até o final, dê um jeito de escapar, a menos que você dependa de alguém para ir embora. Nesse caso, aproveite, e se não estiver gostando, por favor, não fique com a cara fechada em um canto. Divirta-se até quando seu corpo permitir, depois convide o pessoal para sentar e comece a conversar.

Eventos sociais

"Pirou? Por que eu iria a um evento social?"

Pois é, se você quer ser popular, prepare-se para cuidar não só do seu presente, indo apenas aos lugares que você curte, mas também do seu futuro, agradando igualmente aos mais velhos.

Uma vez lá, invista na imagem de escoteiro ou boa samaritana, ou seja, faça um esforço para cumprimentar todo mundo e ande sorrindo como se todas as pessoas fossem dentistas. Faça valer sua presença, converse com os convidados sobre o próximo evento e aglomere pessoas perto de você, mas lembre-se de estar sempre no meio das muvucas para ter certeza de que conseguirá juntar pessoas ao seu redor.

O banho de luz já vem de casa, então, vá a esse tipo de evento com um grupo – isso sempre cai bem. Mas nem pense em chegar com todos de uma só vez, senão as línguas mais ácidas não perderão a chance de comentar: "Nossa, passaram sabão no morro!" (glossário de gírias novas: "passar sabão no morro" = referência ao excesso de pessoas numa festa ou em qualquer outro ambiente). Combine com sua galera e encontre-a já durante o evento, fazendo com que interajam com mais pessoas.

No caso de haver cobertura da imprensa, cole nos entrevistadores; se houver câmeras, fique na frente das lentes, afinal, uma pessoa popular é aquela que APARECE. E mesmo que o cansaço bata forte, sorria e mantenha a educação com os jornalistas. Acredite, você vai precisar deles para provar que marcou presença no evento, até mesmo para quem não foi e só vai ficar sabendo disso pelas notinhas publicadas.

Barzinhos

Além de estar dentro daqueles padrões básicos de roupas e acessórios que combinam com o estilo do lugar (você já leu sobre isso aqui), jamais se sente em mesas de canto, afastadas e que não apareçam, a menos que a mesa de canto seja em uma área vip. Escolha sempre áreas centrais, onde as pessoas poderão ver você e, detalhe, esteja sempre com mais alguém. Solidão não é bom nunca, muito menos quando tudo o que se quer é ver e ser visto(a).

Procure contar situações engraçadas que façam as pessoas se divertirem. Se passar alguém que conhece, nunca finja que não viu, troque pelo menos uma palavra, ria de alguma coisa, comente algum fato, pergunte como está a galera, enfim, faça um *remember* (glossário de gírias novas: "fazer um remember" = retomar algum assunto) em torno da situação. Outra coisa importante, como em qualquer lugar, é a educação que você tem de demonstrar com as pessoas que te servem. Não trate mal um garçom ou atendente; se você quer ser popular, eles também são seus amigos.

Festas no colégio ou na faculdade

Você pode conversar, dançar, beber, mas faça tudo isso MODERADAMENTE, e deixe que as pessoas venham ao seu encontro. Se isso não estiver dando muito certo, é hora de sair da redoma de vidro e do seu pedestal e se aproximar das pessoas com os seus assuntos, provando que eles são mesmo divertidos e legais.

Porém, o ideal mesmo é deixar que os outros se cheguem, sempre agindo com cuidado e de forma não muito exagerada.

Não discrimine ninguém, alunos, professores, funcionários, nerds, pops, todo mundo é ser humano, e o popular conversa com todos de boa. Esse papo de que você precisa trocar ideia apenas com os ditos "bonitinhos" é coisa do passado; uma pessoa popular, hoje, precisa de força e aceitação, o que só vai ter se estiver bem na fita com todos.

Por isso, nem pensar em fazer coro para aquele povo que sempre reclama de alguma coisa, da bebida, do local, de tudo e de nada ao mesmo tempo. Permaneça na sua, melhor faz quem manda ou, no caso, melhor teria feito e organizado a festa quem está reclamando. Sendo assim, aproveite o que estiver bom e dê uma força moral para o organizador ou organizadora, afinal, até para arrumar refrigerantes em cima de uma mesa alguém teve de trabalhar.

Por último, não queira dar uma de superintelectual ou ficar martelando os assuntos da sala de aula nos ouvidos dos outros; se você está numa festa, é realmente para esquecer aquele ambiente.

Academia

Sobre esse assunto, veja também o capítulo 6, "Mudando conforme o lugar, sem perder o estilo". O principal é enfiar na cabeça que academia é lugar para malhar e não para ficar de papo. Se rolar diálogo, vá em frente e aposte na nova amizade; caso contrário, dê um salve para a galera que já conhece, cole no professor, faça sua série e ponto final. Existem academias que tentam agitar e criam alguns eventos e festinhas, tipo aniversário de fundação, quermesse,

Halloween; nesse caso, valem as dicas do item anterior ("Festas no colégio ou na faculdade").

Mais do mesmo, mas não menos importante

O que é PROIBIDO:

• (Se você ainda não tem 18 anos, pode pular este item, ahuahuahua) Beber a ponto de andar tombando como a Torre de Pizza. As pessoas percebem isso e você vira um belo motivo de piada, ou pior, de pena. Uma imagem desse naipe pode comprometer convites para futuras festas fechadas nas quais você aumentaria ainda mais sua rede de amigos.

• Dançar feito uma lacraia em meio ao público. Putz, isso é o maior mico e as pessoas vão pensar que você é lesado(a) das ideias.

• Bater nas pessoas para cumprimentar (tem gente que não suporta).

• Chamar as pessoas por "psiu" ou por "ô". Além de não agradar, vai parecer que você se acha, o que acaba com a popularidade de qualquer um (se deu um branco, siga as instruções do item "Cumprimentar estranhos").

• Olhar fixamente para uma pessoa. Se ela for do sexo oposto, vai parecer que você está secando demais; se for do mesmo sexo, pode acabar comprando uma briga sem nem ao menos saber qual foi.

• Colar em uma pessoa ou em um grupo. Se encontrou a galera por acaso, não fique esquentando o banco, circule, procure mais amigos ou amigas. Caso sejam *brothers* e *sisters* mesmo, tudo bem, pode grudar um pouco, se não, não fique dando uma de vela ou mala sem alça.

O que SEMPRE DÁ CERTO:

• Sair sempre acompanhado(a), desde que seja uma galera que não faça fiasco, óbvio. O ditado "diga com quem andas e eu te direi quem és" está mais atual do que nunca.

• Levar na humildade. Nada de querer chamar a atenção em excesso, porque, assim, você afastará quem quer a mesma coisa (ahuahuahua). Mais que reconhecer, é preciso respeitar o espaço dos outros pops. Quanto mais populares juntos, maior a popularidade. Então, aproveite para ser visto(a) com esse povo e também com a galerinha mais básica.

• Levantar a mão e fingir que está dando um salve para alguém sempre que der de cara com um lugar cheio de gente. Se você realmente conhecer alguém, perfeito, tem de cumprimentar mesmo, se não, vai parecer que conhece, e é isso que importa. Claro, ninguém pode perceber que é de mentirinha, caso contrário vão chamar os enfermeiros com a camisa de força.

4

"Por que não eu?" Chamando a atenção do sexo oposto

Para sua popularidade ser bem-sucedida, também é preciso chamar a atenção do sexo oposto. A lógica é simples: se você é um garoto, não espere que outros garotos saiam falando bem de você. Claro que toda regra tem sua exceção, porém, conte primeiro com as meninas, pois elas é que curtem reparar no seu estilo, na maneira como você as trata, e isso acaba se espalhando.

Se você é uma garota, a lógica é um pouco mais complicada, mas também faz sentido. Certamente, ainda vai precisar das outras garotas, que nem sempre vão falar bem de você, pois estão em eterna concorrência, mas manterão seu nome em alta nas rodinhas desde que... você consiga chamar a atenção dos garotos em primeiro lugar! Isso as fará comentar ainda mais sobre você, seja por inveja, seja por desejarem alcançar o mesmo estágio.

Parece babaquice ou formulinha de matemática? Parece um conjunto de frases de efeito de autoajuda? Comigo, posso garantir que funcionou. Se você duvida, siga em frente e faça o teste.

Não me diga que você é do tipo simples, que acredita precisar apenas de inteligência e boa conversa para conquistar um garoto. Desculpe, mas está redondamente enganada. Como tenho explicado a todo momento, a primeira impressão é a que fica, e impressão é algo que depende da imagem. Para melhorá-la, lá vão alguns passos:

• Ande bem arrumada e maquiada. Sei que os garotos nunca percebem essa diferença, mas, bem ou mal, eles saberão que você está arrasando ao lado deles, sempre BONITA. Mesmo sem se dar conta, vão querer ficar três horas conversando e até mesmo algo além disso. Então, VALE MUITO A PENA INVESTIR NO VISUAL. Agora, se você quer que eu vá direto ao ponto e ensine a fisgar um namorado...

Sinto muito, isso é assunto para outro livro. Aqui, o lance é ensinar a ser popular e não a desencalhar, mas é importante ficar atenta para não fazer de um objetivo o motivo de não alcançar o outro. Por exemplo, se você passar por piriguete, dificilmente vai conseguir que algum carinha te leve a sério. Tudo tem a medida certa e apenas usar roupas que valorizam o corpo não quer dizer valorizar a si mesma. O que você faz, como faz e por que faz são comportamentos que vão muito além dos brilhinhos e dos decotes que usa para chamar atenção. Lembre-se: uma piriguete sempre é popular, mas para ser popular não é preciso ser uma piriguete.

A conclusão é: seja feliz com o estilo de vida que você leva, usando roupas justas ou largas. Todo o resto vai depender da maneira como age e conversa. Porém, jamais subestime a primeira impressão.

• Procure ser polêmica, por exemplo, tirando fotos um pouco (só um pouco!) mais sensuais, principalmente se você for do tipo santinha; ou fotos mais comportadas, se você fizer a linha “mulher fatal”. Moral da história: busque sempre surpreender, agindo de forma inversa àquela que as pessoas esperam, pois isso gera muitos comentários. Mas, detalhe, faça isso sempre de forma descontraída, para que a galera leve de boa e ninguém se sinta noiado. No final, vão até considerar essa sua rebeldia "bonitinha". Um pouco de polêmica é sempre positivo, desde que não estrague sua imagem ou faça as pessoas rejeitarem você. Um caso clássico é o da Paris Hilton. Sempre que ela aparece coberta de joias nos eventos, recebe até algumas críticas, mas todo mundo queria mesmo era estar em seu lugar. Agora, quando divulga um vídeo pornô mostrando as intimidades com o namorado, ninguém aprova. O segredo é não perder a noção da medida certa: enquanto as pessoas acham que você faz "loucuras" porque tem personalidade, vão admirá-la cada vez mais e até buscar conhecê-la melhor. Então, fique esperta. E se liga: é nesse momento que os outros se aproximam, por causa da polêmica, que você deve mostrar ser uma pessoa de verdade.

• Outra forma muito eficaz de chamar a atenção dos outros é criar notícias sobre você mesma, ainda que não sejam a mais pura expressão da verdade, e contar para as fofoqueiras de plantão. Mas não se esqueça de escolher a dedo alguém que não tem lá muita credibilidade, ficando fácil para desmentir o boato depois. Você deve estar pensando: "Mas para que inventar algo que tenho de desmentir depois?". Simples, maninha: o lance não é *o que,* mas *por quê*. Se você for comentada, seja qual for o motivo (óbvio, escolha sempre uma notícia positiva, como uma viagem de férias para a Europa, por exemplo), automaticamente vai atrair o interesse da galera e subir um degrau no quesito popularidade. Parece idiota, mas notícia sempre chama notícia, e quanto mais tempo você demorar para cair no anonimato, mais chance terá de firmar seu lugar entre os pops.

Garotos chamando a atenção das garotas

Na maioria das vezes, as meninas são meigas, agem de forma muito educada e gostam de ser bem tratadas. Em geral, não escondem o jogo e contam, na própria internet, como você pode chamar sua atenção e até mesmo conquistá-las.

Resumo da história:

1º) Olhe para ela com respeito, sem encarar muito.

2º) Trate-a com respeito.

3º) Elogie com sinceridade.

4º) Seja sempre você mesmo.

Se você desconfiou de algo ou mesmo duvidou dessa receitinha pronta, PARABÉNS!

É exatamente isso que elas querem que você pense. Sabe por quê? Para, logo em seguida, levar aquele tremendo corte...

Na real, elas curtem os carinhas com mais atitude, não que você tenha de ser um cachorro, até mesmo porque, se você perceber que a coisa está rolando legal, tem de levar adiante na base do respeito, mas a realidade não é cor-de-rosa, maninho. Você nunca se sentou em mesas de praça de alimentação próximo a meninas ou mulheres? Na teoria, elas dizem uma coisa, mas, na prática, confessam:

• "Ele tem de ter pegada";

• "Tem de ter cara de santinho, mas, na verdade, ser um pouco safadinho";

• "Não curto cara muito meloso"... e por aí vai.

Sinceramente, essa é a primeira impressão que quase toda menina quer ter, mas é importante você entender que tudo não passa de uma *primeira impressão*, porque, quando a coisa evolui para um namoro ou algo mais sério, o que elas buscam é alguém fiel, querido, sensível, companheiro e com um monte de outras qualidades para a vida inteira. OK, chega, melhor eu parar com isso, senão você vai achar que está lendo o livro "Como conquistar o amor da minha vida".

Meu objetivo aqui é passar dicas para você chegar mais rápido até elas e ser comentado, algo que você nunca vai conseguir se ficar aí pagando de bonzinho, com essa cara de caneca (glossário de gírias novas: "cara de caneca" = expressão de quem comeu algo e não gostou ou ganhou algum presente que não agradou).

Um lance que costuma funcionar, como já expliquei outras vezes, é ganhar pelo inesperado: assim, se você tem cara de santo, faça algum gesto mais ousado quando estiver perto delas. Isso vai deixá-las muito curiosas. Por outro lado, se tiver pinta de safado por natureza, experimente olhar como quem não quer nada, porque, no mínimo, a garota vai querer saber o que você viu nas outras e não enxergou nela. Agora, jamais maltrate uma mulher. Dar um certo gelo é uma coisa, mas nunca a faça se sentir totalmente desprezada. No fundo, o que todas elas querem é sentir que são únicas.

Alguns toques para a hora H:

• Sempre que estiver encarando uma menina em uma festa ou barzinho, olhe com cara de quem quer algo mais do que apenas alguns beijinhos. Isso vai fazê-la ficar pensando...

• Faça coisas do tipo mostrar o celular, mandar mensagens, elogiar. Mesmo que pareça não surtir efeito, com certeza isso será comentado.

• Elogios sempre pegam bem, mas espere a hora certa, caso contrário vai parecer uma cantada.

• Ops, mas também não é para desmerecer totalmente as cantadas. Como tudo na vida é um risco, vá em frente e arrisque uma menos batida, como: "Está vendo aquele meu amigo ali? Ele perguntou se eu tenho chance".

• Busque também fazer amizade com algumas meninas. Está certo, o papo rola muito diferente entre meninos e meninas; às vezes, é um saco ouvir tanta conversa sobre escova de cabelo, *gloss*, mundo *fashion* e tal, assim como elas também acham *boring* quando ficamos falando sobre motos e futebol o tempo todo. Mas vale o sacrifício, porque a amizade com o sexo oposto vai deixar você ainda mais por dentro do que funciona e não funciona.

Atitudes como essas são quase infalíveis porque aumentam a autoestima das meninas, e isso as deixa mais bem-humoradas e abertas a uma aproximação. Com os meninos também funciona, se elas fizerem o mesmo.

E não confunda essas dicas com manual de pegação, porque não tem nada a ver. Quer a prova? Quem já namora também pode continuar batalhando para ficar mais conhecido e popular.

Você deve estar pensando: "Só se eu namorar alguém famoso pra ficar aparecendo na mídia!".

Engano seu. Namoro é coisa séria para ser tratada como golpe de mídia, mas nada impede que você aproveite essa relação de parceria e abra espaço para mais amigos, casados ou solteiros, ampliando sua rede de contatos. O ditado já diz que "um é pouco e DOIS É BOM", justamente porque podem trazer muitos outros.

Por isso, não deixe de se divertir com sua namorada em festas. A presença de vocês DOIS pode funcionar como um chamariz e atrair a atenção das outras pessoas, tanto do seu círculo de amizades quanto do dela. Ou seja, una o agradável ao útil e não se esqueça de escolher alguém que combine com você, caso contrário, popular ou não, a coisa não vai fluir.

5

"Todo mundo gosta de mim"

Enquanto eu conversava com um amigo, ele disse um ditado da hora: “Quem não é visto não é lembrado”. Essa é uma verdade, porque, se ninguém te vê, você não existe. Outra frase que curto é: “Não falte para não perceberem que você não faz falta”.

Atualmente, a internet tem ocupado um espaço muito grande na vida das pessoas, por isso é fundamental que você participe de um ou mais sites de relacionamentos que as pessoas de seu país e do mundo usam. Mas é preciso saber como usá-los a favor da sua popularidade. Então, se liga nisso...

Comunidades

As comunidades falam sobre você: o que pensa e gosta de fazer, as comidas que prefere, aquilo que não engole, entre muitas outras coisas. Sendo assim, na hora de escolher onde confirmar sua presença, dê uma geral e perceba se o que está escrito cai bem com o seu jeito de ser. E não se esqueça de dar uma fuçada nas pessoas que participam e também em todos os tópicos listados, porque é aí que mora o perigo e pode ter algo que queime seu filme legal.

Se você gosta de causar, aconselho a entrar nas comunidades que achar engraçadas, mas desde que não se torne uma coisa muito forçada nem pareça que você se acha. Por isso, jamais entre em comunidades do tipo "Só vips convidados", "O(a)s mais populares", "Eu sou lindo(a), e daí?" etc. Quem é popular de verdade não precisa dizer isso por meio de uma comunidade; as pessoas percebem.

O ideal mesmo é fazer uma seleção daquelas comunidades que têm realmente a ver com você, mas sem entregar muito a sua personalidade; assim, as pessoas ficarão com vontade de te conhecer melhor. Como já expliquei antes, mostrar tudo logo de cara não prende a atenção de ninguém. Então, não entre em milhões de comunidades, a menos que isso seja muito a sua cara.

Aumentando sua rede

Há uma frase que diz: "O sucesso sempre vem para quem está muito preocupado com isso".

Então, faça por merecer. Nos sites de relacionamento, capriche na escolha da foto do perfil, porque ela é que chama a atenção da galera, atraindo visitas à sua página. O mesmo vale para o álbum de fotos: poste imagens que gerem comentários, sem errar na dose e parecer se achão demais ou uma piriguete sem noção. Ou seja, pode mostrar o bíceps, mas faça isso com estilo, de preferência naquele tipo de foto que o bração parece que está lá sem querer, enquanto abraça uma menina, por exemplo. Já uma garota pode provocar sem ser vulgar e, muitas vezes, um *close* do rosto tem muito mais apelo que o corpo totalmente exposto. Então, se liga!

Outra coisa importante é saber o que escrever naquele campo onde você tem de se apresentar. Falar sobre si mesmo é sempre difícil, mas, na real, só existem duas alternativas: ou você escreve alguma coisa original e verdadeira, sem entrar em muitos detalhes (lembre-se de que o lance é despertar a curiosidade e não entregar tudo de uma vez), ou você não escreve nada. No caso da primeira opção, jamais coloque textinhos ridículos (e, pior, copiados!) do tipo "Me odiou? Entra na fila. Me quer? Pega senha..."; "Eu não ando, eu desfilo"; e outras coisas do gênero, porque isso é coisa de quem *quer* e não de quem *pode*. Se você for realmente assim, procure uma comunidade que deixe isso claro, mas jamais fale de si nesse tom. Pega muito mal e acaba sendo uma autopromoção ao contrário.

A arte de conquistar novos amigos

Fazer sua lista de amigos virtuais inchar é a coisa mais fácil do mundo, mas eu quero ver você trazer esse povo para a vida real. Aqui está o seu desafio. Por isso, jamais tente parecer quem não é, senão vai acabar pagando de *fake*, o que é péssimo. Pensa comigo: de que adianta você fingir que é um astro ou estrela de Hollywood se não consegue fazer nem um filme na associação de moradores do seu bairro? Ou pior, de que vale postar fotos produzidas em Photoshop se, quando as pessoas passam por você, nem te reconhecem?

Ser fiel à sua imagem, não apenas à embalagem (estética), mas ao conteúdo (jeito de ser) é o que vai fazer você se destacar, porque isso significa ser ORIGINAL. Foto de modelo, todo mundo pode ter, basta entrar num banco de imagens *free* e copiar! (ahuahuahua). Então, vamos ao que interessa e dá resultado de verdade:

• Em primeiro lugar, visite o máximo de perfis que conseguir, principalmente no Orkut ou MySpace, porque seu nome ficará gravado e, querendo ou não, essas pessoas vão saber que você existe e acabarão dando uma espiadinha na sua página. Você não tem curiosidade de saber quem te visitou? Então, a recíproca sempre é verdadeira...

Comece a fuçar os perfis que você tem em comum com seus amigos atuais e puxe assunto. Escolha aqueles que realmente conhecem seus amigos, porque, assim, você também vai poder ter um contato real, trombando com eles na rua, na escola, na balada... Deixe um recado para essas pessoas comentando uma ou mais fotos que chamaram sua atenção e comece a conversar sobre alguma parada que marcou bastante. Se rolar um papo legal, quando vocês se encontrarem, quem sabe isso se transformará até em amizade.

Vale lembrar: não fique aloprando essas pessoas que ainda não te conhecem, mandando recado todo dia ou chamando para conversar sempre que estiverem on-line. Se rolar conversa, rolou; se não rolar, não rolou, não insista! Ainda poderá haver um encontro ao vivo, afinal, vocês têm amigos em comum. Aí, sim, é o caso de tentar de novo. Então, saiba esperar, ainda que demore um mês. O importante é não queimar seu filme antes da hora, porque uma pessoa pode trombar várias vezes com alguém discreto e não lembrar, mas, se ela trombar com um Zé Migué (glossário de gírias novas: "Zé Migué" = pessoa inconveniente e muito chata) uma única vez, jamais esquecerá.

• Não responda aos recados de todas as pessoas, dê preferência a quem tem a ver com você e, claro, aos populares, porque são eles que vão trazer mais pessoas para a sua página. Quando deixar um *scrap* para alguém, a simpatia deve comandar sempre, com qualquer pessoa, mas, por favor, me poupe dos recados inúteis que não acrescentam nada, tipo "Passei aqui para dizer oi" ou aqueles que mais parecem mensagem automática de véspera de final de semana. Você pode até mandar um salve e lembrar a galera de curtir o sabadão, mas o ideal é sempre ter mais alguma coisa para dizer, senão vai dar muito na vista que você só quer fazer sua página bombar. Isso é muito *loser*, vai por mim: é melhor uma página vazia do que uma cheia de recados inúteis. Outro ponto importante é esperar alguns dias para responder aos *scraps,* ou vão achar que você não faz outra coisa na vida. Além disso, a espera deixa as pessoas na expectativa. Só não demore demais...

• Tente mostrar sua personalidade, que, óbvio, é o que você tem de diferente e, por isso mesmo, chama mais atenção que qualquer estrelinha, corzinha ou musiquinha que você acrescentar ao seu perfil. Já falamos sobre a importância de ter seu próprio estilo, o que significa não fazer coisas que todo mundo faz e fazer coisas que ninguém faz. Não precisa apelar e colocar foto de você tirando o sapato em uma festa de família, mas deixar bem marcado no seu perfil as coisas que tornam você diferente das outras pessoas. Óbvio, não deixe parecer que está fazendo isso de propósito. Tem de ser um lance mais intimista, como se só importasse para você, mas que, "coincidentemente", quem visitar sua página também ficará sabendo. A galera se amarra nesse tipo de coisa e não é à toa que grupos de música *underground* fazem muito sucesso enquanto estão fora do circuito e representam um estilo novo e diferente. Porém, quando ficam muito facinhos, ninguém mais quer saber. Então, não vire arroz de festa e faça diferente!

Mas, se liga: não vai querer dar uma de quem está um degrau acima dos outros só porque tem suas próprias ideias. Isso acaba com qualquer popularidade. Então, quando vierem falar com você, troque ideia na paz, amigavelmente, a menos que estejam querendo zoar ou tirar algum proveito.

Resumindo: mostre nos sites de relacionamento aquilo que você é fora deles, ou pelo menos tenta ser.

Número de amigos

Tem um ponto que é anterior e não podemos esquecer: falamos sobre aparecer bem na foto para fazer sucesso com a galera que acessa sua página, mas como elas vão chegar até ela?

Simples, você precisa ter muitos amigos, mas muuuitos mesmo, a maior rede que conseguir. A regra é clara: uma pessoa com mais de 700 amigos adicionados pode não ser popular, mas toda pessoa popular tem mais de 700 amigos adicionados. Nesse caso, conta muito aquele lance da primeira impressão: se alguém acessa seu perfil e vê lá um monte de amigos, vai ter certeza de que você é muito popular. Assim como dinheiro chama dinheiro, popularidade atrai popularidade.

Se você ainda não tem uma rede desse tamanho ou maior, trate de conquistar, porque só assim vai conseguir ver e ser visto(a). Uma estratégia que funciona bem é deixar recados para os amigos mais populares, porque você vai contar com um reforço de muito mais pessoas sabendo da sua existência e que podem pedir para adicionar você. Fuçar alguns perfis também pode ser bom, principalmente aqueles que acham que são alguma coisa e, rapidinho, deixam um recado perguntando de onde te conhecem. Assim, a rede vai aumentando...

É claro, de nada adianta você ter 700 amigos e não conhecer nem 50, ou pior, ter uma rede de perfis mais falsa que uma nota de três dólares. Na hora de medir a popularidade, temos de pensar na quantidade e também na qualidade, porém nunca deixe de conhecer mais e mais pessoas, porque quanto maior o número de amigos que você tem em comum com outras pessoas de sua cidade ou estado, mais vezes você estará aparecendo.

A galera de outras regiões também interessa, e, sempre que alguém de longe te adicionar dizendo que achou suas fotos bonitas ou gostou do seu perfil, dê retorno. Se possível, crie laços com os amigos dessas pessoas, porque é assim que a popularidade aumenta. Jamais se considere figurinha de uma única região, e sim um cidadão ou cidadã do mundo, ampliando seus contatos o máximo que puder. A net é uma janela sem fronteiras e uma cidade é pouco para quem quer ser popular. Sem fazer força, descobrimos muita coisa que nem imaginávamos, porque a galera não para de inventar, nem que seja uma gíria nova. Com isso, você sempre vai ter alguma novidade para colocar em prática e botar pra quebrar.

Novidades

Pintou novidade? Assistiu ao *Fantástico*? Viu algo na MTV? Corre para a frente do PC e descobre o que é... Claro, você pode ficar no sofá até o programa acabar para saber o que significa tudo aquilo, mas o melhor é agir rápido e chegar antes dos outros. Para isso, nada melhor que a "Santa Internet", que é o meio de comunicação mais rápido do mundo.

Não estou dizendo que você não precisa mais assistir aos programas de TV. Como eu expliquei no comecinho, muitas vezes ficamos sabendo de uma parada primeiro pela TV. Isso é mais comum do que você imagina. Muitos sites são até bem frequentados pela galerinha, mas depois que aparecem no "show da vida" (a TV aberta), caem na boca do povo e viram febre. Óbvio, para ser popular, você precisa, no mínimo, descobrir o que é novidade antes da maioria e lembrar de sair fora antes que vire carne de vaca, porque o que está muito batido logo deixa de ser pop. Mas essa é uma manha que você vai pegando com o tempo.

O principal é você se ligar. Melhor que uma pessoa alto-astral é uma pessoa bem informada. Não existe quem não goste de estar perto de alguém que tem sempre alguma novidade para contar, mas não precisa ter medo: você não vai deixar de ser um ser humano para virar um e-mail marketing (ahuahuahua). Simplesmente, o que vai acontecer é que seus amigos e amigas vão começar a consultar você sobre tudo, e esse é um dos caminhos mais rápidos para a popularidade. Também não se sinta superior por isso. Tenha humildade e paciência ao explicar para os outros o que significa uma paradinha ainda pouco conhecida.

Uma dica bem bacana de site de relacionamento, atualmente, é o Twitter. Ele é mais recente que o Orkut, mas tem uma força bem maior. Não é à toa que algumas bagunças foram feitas até no Congresso Nacional por causa dos twitteiros. Mas, detalhe, esse é um lugar completamente *cult* e você pode queimar seu filme se começar a agir como mala sem alça, mandando mensagens bobinhas para todo mundo. No Twitter, tudo ganha uma importância grande simplesmente por estar sendo comentado lá; mesmo os assuntos mais fúteis passam a ser vistos de outra forma e acabam fazendo a cabeça da galera.

O mais legal é que celebridades acessam o Twitter com muita frequência. Danilo Gentili, do CQC, é um exemplo típico de famoso que não desgruda; na maioria das vezes, ele é muito engraçado e acaba agitando a galera. Bruno Gagliasso é outro fissurado nesse site, porém com mensagens mais comportadas. E existe até quem dê uma forcinha para os novatos na parada, como a Mari Moon da MTV, uma twitteira nata que abre espaço para a galera da net no seu programa por meio desse site.

Vale lembrar: o Twitter é como se fosse um miniblog, pois permite postar, no máximo, até 140 caracteres, e a proliferação é bem rápida, porque todas as pessoas da rede ficam sabendo o que foi postado no momento em que acessam sua própria página.

Já o MySpace é o que podemos chamar de "melhor amigo do internauta". Foi nesse site que mais de 4 milhões de pessoas, de vários países do mundo, visitaram meu perfil em menos de quatro meses, comentando a respeito das músicas que lancei. Óbvio, esse é um processo natural da internet, mas existem sites que facilitam ainda mais a interatividade, e o MySpace é um deles, principalmente para quem trabalha na área musical, possibilitando a divulgação de vídeos e novas composições de uma só vez. Para você que não é músico também vale a pena, porque dá para adicionar muitas celebridades que estão por lá e ficar sabendo de muitas novidades antes mesmo dos paparazzi.

O Facebook também não pode ficar de fora dessa lista, porque é um dos endereços eletrônicos mais acessados do mundo no momento, com mais de 60 milhões de fotos sendo postadas toda semana, superando até mesmo os sites voltados apenas para isso. Se estiver a fim de entrar nessa, siga a mesma dica que foi dada no caso do Orkut: arrasar na foto, sim, porém, com estilo!

Então, o que está esperando?

Crie já o seu perfil nesses sites e continue fuçando na net atrás de informação, sempre lembrando de compartilhar as novidades com seus amigos. Sua popularidade vai disparar...

6

Mudando conforme o lugar, sem perder o estilo

Para ser popular, não basta ter boa vontade, é preciso ser uma espécie de camaleão (macho ou fêmea, ahuahuahua) e aprender a mudar seu comportamento de acordo com a situação. Como você viu na explicação sobre cultura popular, logo no começo do livro, ela nada mais é que um mix de diversas tribos e tendências, e quanto melhor você souber lidar com todas elas, maiores serão suas chances de se tornar pop.

Masssss...

Você também precisa ter um vocabulário muito bom.

Quer saber por quê?

Simples: mesmo que os outros digam que ter um vocabulário amplo é coisa de intelectual e nerd, é bom você aprender mais algumas palavras, afinal, jamais vai poder falar com o diretor do seu colégio, o reitor da faculdade ou o seu futuro chefe, por exemplo, do mesmo jeito que fala com seus amigos. É claro que você vai cumprimentar todos eles usando a mão, derrr, mas a questão é: você tem de saber quais as palavras mais adequadas a cada tipo de pessoa. Não dá para chegar para um empresário importante e soltar um "E aí, só de boa, cara?". Do mesmo jeito, você não vai espantar a sua galera dizendo "Boa tarde, é um prazer estar aqui com vocês", para, logo em seguida, começar a relatar seus investimentos na Bolsa de Valores.

Mais que palavras bonitas, é importante você ter vários assuntos para conversar, incluindo notícias em geral, música, atualidades, tecnologia, educação, enfim, tudo o que existe dentro do nosso círculo de convivência. Na verdade, se você quer realmente ser popular, esqueça aquela babaquice de pertencer a uma única tribo, "cada um no seu quadrado" ou qualquer coisa parecida, e comece a encarar o seu círculo de convivência como algo que abrange todo o mundo, porque a parada da globalização é muito real, ou seja, hoje o planeta inteiro está interligado. Por isso, você precisa saber conversar sobre tudo e tentar formar opiniões a respeito daqueles assuntos que mais interessam à galera.

Ser popular de uma forma inteligente (não apenas famoso ou famosa, como já expliquei antes) não é a coisa mais difícil de todas, mas também não é a mais fácil. Você tem de se ligar em tudo o que está acontecendo à sua volta, para poder interagir com todo mundo e, quem sabe, até mesmo criar novas ideias e atrair pessoas para o seu lado.

Você pode estar pensando: "Puxa, é pauleira demais para uma pessoa só. Não vou conseguir dominar tantos assuntos".

Take it easy, cabeça!

Quem disse que você precisa saber tudo? Aqueles assuntos que são a sua praia, tudo bem, mas não é preciso ficar lendo livro técnico só para poder conversar com os nerds da turma de exatas sobre fórmulas muito loucas de matemática. Na verdade, você só precisa saber o bastante para não fazer feio. A pessoa pop, hoje, é um "rato ou rata de Wikipédia". Ainda que lá as informações não sejam totalmente confiáveis, sempre há uma definição mais ou menos razoável sobre qualquer (eu disse *qualquer* mesmo!) assunto. Grande parte do conhecimento do mundo está disponível na web, e graças a ela já é possível para um simples mortal como você ficar por dentro de muita coisa.

O problema é que tudo muda, aparece e desaparece mais rápido que um clique do mouse, então, fatalmente alguma hora vai rolar um assunto que vai deixar você boiando.

Bom, agora você chegou num ponto crítico. Quando isso ocorrer e não tiver para onde fugir, siga o mapinha:

1. SINAL AMARELO: Estão falando de algum assunto que você não entende ou sobre o qual não quer conversar. Se perceber que todos estão gostando, não dê uma de estraga prazeres desviando o assunto, porque, além de mala, vai acabar mostrando que você está totalmente por fora, justamente aquilo que você não quer. Então, deixe o povo continuar tagarelando e fique na sua; no máximo, tente entender o que está rolando e recorra a alguma mínima coisa que você conhece a respeito para poder fazer parte do diálogo. Se o assunto for alguma banda, por exemplo, comente sobre aquele álbum que não pode ser esquecido e do qual você tem conhecimento; mas, óbvio, sempre respeitando quem está dando uma opinião diferente. Se o assunto for internet, chame a atenção para alguma novidade (por essas e outras, é sempre importante ler e ter informação sobre o que está rolando no mundo).

2. SINAL VERMELHO: Ops!, o assunto se voltou contra você, quer dizer, você está no foco da galera e a coisa está pegando para o seu lado. Um mala de plantão acabou de perguntar sua opinião sobre um assunto que você nunca ouviu falar: AWHUWAHUWERZTHE ou coisa pior (hahaha!). Nesse caso, vale a pena recorrer a um golpe baixo e desviar o assunto,

senão pode pesar para o seu lado, principalmente se pagar de ignorante ou alienado(a). Em vez de responder ao que foi perguntado, solte um comentário sobre alguém que acabou de passar fazendo-os parar de fuzilar você com os olhos. Nesse respiro, pense em algum assunto polêmico ou engraçado para emendar assim que voltarem à conversa, como a vitória (ou derrota) do mais odiado dos times de futebol, o professor cascudo, que só dá nota baixa para todo mundo, a menina que vive convidando vocês para comer temaki e não se toca que está completamente fora de moda. Assim, eles e elas terão muito que bater boca e nem vão se lembrar do que havia sido perguntado.

3. SINAL VERDE: Pronto, a galera entrou num assunto que você domina com o pé nas costas, o clima está para o seu lado, você pode até arriscar e se soltar um pouco mais. Mesmo que seja uma roda de pessoas mais velhas (se você estiver numa festa em família, por exemplo), deixe claro que tem opinião formada sobre o tema. Isso vai fazer a sua popularidade subir e deixar seus priminhos e priminhas (aqueles chatos que você só encontra uma vez por ano) ficarem babando de inveja.

Mas não vale:

Exagerar na dose só para virar o centro das atenções; até admito que algumas pessoas fazem isso muito bem, e elas são demais. Literalmente demais, porque você sabe como funciona, não é mesmo? Quem é demais está sempre sobrando! Então, evite que o assunto seja você por mais de cinco minutos e, se não tiver outro jeito, procure envolver mais pessoas, peça opiniões, interaja com quem estiver ao seu redor. Uma pessoa que quer o mundo voltado para o seu umbigo pode até conseguir, mas acaba se tornando tão insuportável e previsível quanto a galera que aparece em programas do tipo *reality show.*

O problema lá é que o apresentador é sempre o mesmo, a casa é sempre a mesma, os motivos para ganhar um milhão são sempre os mesmos, até as brigas são sempre as mesmas. Ou seja, nada de mudança. E o que estou propondo aqui é justamente o inverso, lembra? Ser como um camaleão, capaz de mudar até o jeito de falar e de se vestir dependendo do círculo onde estiver no momento: amigos, família, pessoas mais formais, blá, blá, blá.

Uma sacada importante sobre a qual preciso te dar um toque é que tudo pode ser entendido como cultura, e não tem nada a ver com o fato de uma pessoa ser culta ou não. Por exemplo, quem curte funk e sabe tudo sobre essa parada não é culto como quem lê uma porrada de livros, mas não deixa de ter cultura, a cultura do funk. Uma garota viciada em animê não é elitista como aquela que frequenta sarau de poesia romena com a tia-avó, mas é uma verdadeira enciclopédia quando o assunto são os Digimons e Pokémons da vida.

Vou comentar mais sobre isso no capítulo 13, que explica a importância de saber dialogar com várias tribos diferentes, "eu sou de todo mundo e todo mundo me quer bem", como diz a música, mas você já tem de ficar esperto ou esperta e saber que, para chegar longe nessa parada de popularidade, tem de aprender a absorver um pouco de tudo isso, de toda essa cultura que rola por aí e move a galera ("ratinho ou ratinha de Wikipédia", lembra?).

Resumindo: INFORMAÇÃO é a pílula mágica para você ter segurança e sair por aí dominando os mais diversos assuntos.

Se você não tem paciência para ler sites de notícias, ainda que tragam informações com um texto curtinho, ESCUTE. Dez minutos assistindo a um noticiário e sua vida vai mudar! Você passará a entender o que ocorre no mundo real e, melhor, não vai doer nada. Eu garanto. Uma alternativa que não se pode esquecer é o rádio, do qual posso falar porque já trabalhei em algumas emissoras. Muitas vezes, por preconceito e até por falta de conhecimento, a galera discrimina as rádios AM, mas saiba que são aquelas que trazem mais informações. E pode acreditar quando eu digo: bastam alguns minutos ouvindo uma rádio AM por dia que você ficará superantenado(a), podendo papear tranquilamente com qualquer um. Depois, você troca para a emissora FM que toca as músicas da hora ou volta para a internet. Uma coisa legal é que, cada vez mais, a comunicação e a informação andam juntas, e as próprias rádios FM já trazem informações para a galera ficar por dentro dos fatos mais importantes.

Detalhe: além de ouvir, você tem de colocar em prática o que você aprender, tomando cuidado para compartilhar, primeiro em casa, o que ficou sabendo ou leu. Por que isso? Simples. Já imaginou se você misturar as bolas e soltar um comentário totalmente sem noção? O mico será muito menor (hahaha!), além de ser possível corrigir a tempo para, aí sim, detonar no seu círculo de amigos.

Até aqui já expliquei a importância de ter o vocabulário certo para cada tipo de situação, de procurar se informar para não ficar *out* em nenhuma rodinha. Agora, chegou o momento de dar um tapa num assunto que pesa horrores quando se trata de ser popular: vestuário.

Tudo começa com a beca que você usa, porque a maneira como uma pessoa se veste praticamente "fala" por ela e é um dos pontos nos quais as pessoas mais escorregam. Não é à toa que, nas revistas e jornais do mundo todo, uma das seções que a galera mais lê é aquela que comenta os trajes dos famosos. Até você repara em todo mundo, estou mentindo?

A primeira impressão que temos de uma pessoa se forma no momento exato em que a vemos pela primeira vez: o corte de cabelo, o tênis, a roupa, o carro e assim por diante. Sobre isso, tenho uma notícia ruim e outra boa. A ruim é que muitas vezes a inteligência é trocada pela aparência; que o digam as "atrizes-modelos-bailarinas" da vida (ahuahuahua!). A boa é que ninguém se sustenta apenas com a fruta que traz no traseiro, seja melancia, morango ou a feira inteira!

Agora, sem zoeira, você precisa se ligar na diferença que faz estar com a roupa certa para cada tipo de lugar e, sério, muitas vezes isso pode ser a diferença entre triunfar ou naufragar na hora de conquistar aquele menino ou aquela menina para quem você está pagando pau faz tempo.

A regra é simples: todo mundo repara em todo mundo, mas quando se trata de galera mais jovem, os grupinhos dominam, e para fazer parte de um deles, você tem de estar "de acordo". Eles vão te avaliar de cima a baixo antes de saber se você pode ou não fazer parte daquela panela.

Popular = *style* da hora

Vocabulário, conhecimento, vestuário... Você já deve ter percebido que estamos tratando de uma coisa bem mais ampla, que abrange todas essas já citadas: seu estilo.

Para ser popular, você precisa ser *style*, mas não basta ter qualquer estilo. O seu tem de ser o mais neutro possível, sem estar em desacordo com nenhum dos estilinhos particulares, senão já era. Difícil entender?

Sendo mais claro: você precisa agradar a todo mundo sem perder seu próprio estilo (para saber mais sobre isso, se liga no capítulo 13: "Eu sou de todas as tribos"). No capítulo "Notando e se fazendo notar", já foram passados alguns toques sobre como se vestir para ir à balada e até a casamentos, mas aqui o lance é mais conceitual, ou seja, não envolve só a roupa, mas a maneira como você fala, os assuntos que escolhe e domina e até onde põe a mão. Como sempre, vou facilitar o seu lado e indicar, em termos de *style*, o que cola e o que não cola...

Dicas para ser popular até nos gestos

• Caminhe sempre com a coluna ereta, mantendo os pés alinhados com os ombros. Mas não precisa circular por aí igual a um robô, porque o lance é ser natural. Imagine que você está numa passarela e fixe o olhar à sua frente (naquela legião de fotógrafos imaginários... ahuahuahua). Quem fica olhando para os lados o tempo todo, ou perdeu alguma coisa, ou é sem-noção mesmo.

• Aposte sempre no sorrisão quando cruzar com alguém conhecido, porque simpatia atrai simpatia. Se parar para trocar uma ideia, não fique abrindo o bocão de sono na frente dos outros, a não ser quando forem amigos muito próximos.

• Nada de andar de cabeça baixa, chutando lata, com os braços cruzados ou com as mãos o tempo todo no bolso. Isso afasta as pessoas de você.

• Preste atenção na sua voz para não sair gritando em locais públicos ou até mesmo em sua casa na presença de visitas. Gente fina não fala alto.

• Engula sua vontade de dar tapas nas costas ou na cabeça dos outros para cumprimentar ou chamar a atenção. Tem gente que não suporta isso.

Com a galera do seu bairro

Pois bem, no seu bairro é comum você ver praticamente as mesmas pessoas todos os dias, certo?

Certoooo!

Então, o negócio é matar a galera no cansaço.

"Por quê?"

Saca só: se você vê as pessoas e as cumprimenta todos os dias, elas vão formar uma imagem simpática a seu respeito. Então, procure sempre dar o seu salve com um sorrisão no rosto, sem discriminar novos e velhos, lembrando de se dirigir a cada um da forma apropriada. Óbvio, não adianta estar com ódio do mundo e querer dar um show de simpatia, porque vai soar falso demais; nesse caso, fique na sua que é muito melhor.

Mas, se liga: não bote tudo a perder virando as costas ou deixando no vácuo as pessoas que devolvem o cumprimento perguntando "E você?". Vai parecer que você teve um gesto mecânico, sem interesse real por quem está na sua frente, o que não é legal. Então, não deixe de responder imediatamente, porque isso comprova o interesse da sua parte e aumenta a sua popularidade.

Você já deve ter percebido que ser popular é ficar bem na fita com todo mundo, incluindo seus pais.  Por exemplo, se você sair na rua para brincar, não espere sua mãe chamar para voltar; antecipe-se e faça isso antes de ela ter de gritar seu nome. Dessa forma, você mostra ter responsabilidade e vai ganhar credibilidade não apenas com seus pais, mas com os pais dos seus amigos, conseguindo sair mais vezes.

Se você pensou "Pô, eu já tenho mais de 18 anos, que história é essa de brincar na rua?", desencana; o importante não é o que está acontecendo na sua vida – partida de game, futebol, festinha ou pega-pega –, mas sim a regra, que é bem clara e até já foi repetida aqui algumas vezes: nunca fique muito tempo num lugar, para deixar os outros sempre com "gostinho de quero mais".

Com a galera da escola

Melhor lugar para ficar tirando todo mundo, certo?

Erradoooo!

O lance é exatamente o contrário, senão vão espalhar por aí que você dormiu com o Bozó (glossário de gírias novas: "dormir com o Bozó" = tornar-se insuportável). É claro que não dá para negar que os engraçadinhos de plantão ficam bem conhecidos, mas a quilômetros de distância! Sim, porque, sempre que um deles chega, as rodinhas vão dispersando com comentários do tipo "Xi, lá vem aquele mala!". Pensa bem: você já viu alguém gostar dessa galera de verdade ou contar alguma coisa realmente útil para eles?

Então, não se nivele por baixo, porque é lá que esses falsos populares vão estar daqui a um tempo; suba na montanha e veja as coisas do alto.

"Como, escalar o Everest?"

Nada disso, olhar a vida do alto quer dizer levá-la de boa, rindo com os outros e não dos outros, mantendo o canal aberto com o engraçadão, o nerd, os professores, enfim, com toda a galera. Um bom teste para você calcular o seu nível de popularidade na escola é avaliar sua capacidade de transitar em todas as panelinhas, sem virar figurinha fixa de uma só (o capítulo 13 – "Eu sou de todas as tribos" – também aborda esse lance).

Você pode ter seus amigos preferidos, claro, mas não deixe de sapear pela classe e até por outras turmas, aumentando sua rede de contatos. Por exemplo, quando está todo mundo reunido em grupos separados, você seria bem-aceito(a) em qualquer um deles? Teria assunto com pelo menos uma pessoa de cada panela? Se respondeu "não", a sua popularidade ainda tem muito que melhorar. E o caminho é justamente este: tratar os outros como gostaria que eles te tratassem (para saber mais, se liga no capítulo "Superioridade x igualdade").

Isso não quer dizer que você não deva falar umas verdades para quem merece DE VEZ EM QUANDO. Mas, no geral, vale a regra do respeito em primeiro lugar.

Com a galera da academia

Nada de chegar chegando!

Para os meninos: você ainda é frango? Se sim, não tente parecer o que não é. Aja normalmente. Não adianta querer levantar mais peso do que pode, porque, se travar a coluna ou ficar com alguma dor, aí é que nunca vai deixar de ser frango, hahaha!

Meninas, agora é a sua vez: você não é tão magra quanto aquela exibida que vai todo dia de miniblusa? E daí? Você está na academia justamente para chegar lá!

Enfim, o lance é fazer o seu, porque academia não é lugar de muita conversa, pelo menos esse não é o objetivo principal.

Você está em busca de um resultado bem claro, certo?

Então, aproveite seu tempo para conseguir aquele corpo dos seus sonhos e ficar ainda mais atraente aos olhos dos outros... Se alguém puxar conversa, entre no clima, caso contrário, concentre-se na sua série de exercícios, pois muitas pessoas não gostam de ser incomodadas enquanto malham.

Com a galera dos passeios e viagens

"Geralmente quem é mais viajado se dá melhor..."

Para, né? Isso é mentira, afinal, não há nada que uma internet básica não resolva. E depois, nada a ver ficar por aí dizendo que conhece o mundo e os fundos. Deixe isso para quando se tornar um guia turístico (ahuahuahua). Sem zoeira, o legal nas viagens é descobrir as coisas juntos, porque isso une a galera. Claro, se você já foi muitas vezes para um determinado lugar e pode ajudar um amigo a não se perder, ser roubado ou pagar algum mico de turistão, tem obrigação de se manifestar, fora que isso vai fazer a galera te dar cada vez mais moral.

Ainda sobre internet, não esqueça que ela vai ser sua melhor amiga em qualquer viagem.

Você acha que vou dizer para pesquisar sobre o lugar e fingir que já esteve lá?

Nunca, jamais faça isso. Mentira tem perna curta, sem contar o micão.

Felipe Xafranski adverte: use a internet com moderação, pesquise o lugar, veja fotos, mas não faça como o impostor do programa *Pânico* se passando por quem não é. Além disso, falar sobre um lugar que curte e gostaria de conhecer pega bem, mostra que você está com as antenas ligadas e, de repente, rola até um convite da galera para uma próxima viagem.

Com a galera da net

Jamais pague de chatonildo(a), chamando a toda hora alguém para conversar ou pedindo atenção. Claro, sempre tem o momento de tirar alguém que é muito chegado, mas, do contrário, o silêncio é uma arte! Garimpe seus amigos aos poucos, sem muita pressa.

Aqueles recados no seu Facebook, MySpace, Orkut ou Twitter perguntando "Oi, de onde a gente se conhece?" também são meio sem noção, mas, enfim...

Faça sempre comentários construtivos, foque as coisas que você sabe, não queira apenas seguir a modinha e deixar de ser quem você é.

Uma coisa muito importante é o lance da privacidade.

"Devo tirar todas as minhas fotos dos álbuns?"

Jamais... never... nem pense...

Se você resolveu entrar nesse mundo, sua vida virou um livro aberto ou um *scrapbook* aberto, e os comentários são inevitáveis. Claro, você pode restringir sua rede de amigos e o acesso de pessoas estranhas, mas o ideal é saber se comportar e deixar rolar. Pense comigo: se você trancar as portas de entrada, como vai chamar a atenção de todos e se tornar popular? E quando eu digo TODOS, não são apenas os amigos... Atualmente já existem blogs que superam 1 milhão de acessos em menos de uma semana! Isso é ser pop!

Um segredinho para se dar bem no mundo virtual é estar por dentro das gírias que estão rolando pela net e, às vezes, nem é preciso queimar a mufa para decifrar o sentido, porque são apenas uma forma diferente de dizer as mesmas coisas: "beijosmeliga", "ficaadica", "bom find", "kkkkkkkk" e assim por diante. É sempre bom estar por dentro desse tipo de viagem para não ficar totalmente *out*, mas nem pense que vai ficar aí morgando enquanto eu passo tudo mastigado. Pode ir para a frente do PC e, em vez de testar a paciência da galera com aquele insuportável "Hei, comenta no meu blog", tente descobrir mais algumas gírias da hora.

Mas, se liga: não adianta simplesmente sair teclando abobrinha sem parar, muito menos soltar gírias da internet no mundo real, porque isso é muito tosco. Considere esse "conhecimento" uma carta na manga que você vai usar na hora certa, no lugar certo, ou seja, sempre que estiver na net (hahaha).

Com a galera que você mal conhece (aqueles meninos ou aquelas meninas que caem de paraquedas na sua frente)

Nada de falar demais sobre você. Deixe que o amigo ou amiga em comum, se estiver a fim, faça isso; assim, quem estiver ouvindo saberá que é verdade e poderá até entrar na conversa. Também não vale ficar só comentando histórias das quais essa galera que você nunca viu mais gorda não participou, porque isso exclui e pega mal.

Além disso, procure sempre ouvir o que eles ou elas têm a dizer; se foi com a cara de alguém, faça um elogio, aproveitando para se aproximar mais. Porém, não faça um elogio por fazer, senão vai parecer babação de ovo; use seu *feeling*, procurando sacar o que a pessoa sente, qual a vibração (glossário de gírias novas: "vibração" = interesse) dela pelas conversas e assuntos que forem surgindo. Caso seja fechada ao extremo, respeite isso... Nada de pressa.

Vale lembrar que usar gírias com uma pessoa que você mal conhece não é uma prática muito válida, porque ela pode não conhecer e ficar completamente boiando. Estão liberadas as gírias que são extremamente globais, porque isso é mara (ahuahuahua).

Com professores do colégio, diretores ou coordenadores

Nesse terreno, a melhor estratégia é o respeito. Nada de puxa-saquismo, pelo amor de Deus! Faça isso só se for uma brincadeira. Professor até que gosta de aluno capacho, porque deve fazer bem para o ego, mas a verdade é que o puxa-saco é o último que merece crédito, porque tudo que ele fala tem uma segunda intenção. E essa é uma fama que pega feito sarna, por isso cuidado com as brincadeiras também, senão você vai se tornar um popular sem moral nenhum.

Outra coisa importante: jamais se aproxime de um professor com a intenção de conseguir boas notas; isso não existe, até porque as notas dizem muito pouco sobre o que você vai ser na vida, e um bom professor nunca deixaria você passar de ano só porque virou seu amiguinho.

Com a galera do trabalho (incluindo seu chefe)

Você ainda não trabalha? Logo, logo essa hora chegará, nem se preocupe. Se não for para ajudar a administrar os negócios da sua família, com certeza vai ser em algum outro lugar.

Quando chegar a sua vez, fique com os radares bem a postos, porque, diferentemente da escola, no trabalho existem outros interesses em jogo. É como no caso dos programas de *reality show*: tudo começa às mil maravilhas, todo mundo se abraçando, mas, quando surgem as cobranças do dia a dia, a coisa muda de figura, e é um tal de um puxar o tapete do outro! No trabalho, temos de ficar espertos justamente com isso, porque tudo é ótimo e perfeito até que chega alguém e pergunta "Quem mexeu no meu queijo?!".

Sempre que entra em cena uma desconfiança e, principalmente, uma disputa, a coisa ferve e, mesmo aqueles que dizem na sua frente que você é o(a) melhor podem não repetir isso em duas vias nas suas costas.

"Então, o que fazer? Pagar na mesma moeda?"

Jamais. Mantenha a neutralidade, ou seja, não faça a caveira de ninguém, até porque o que você pensa pode mudar amanhã. Só os burros não mudam. Além disso, traga para o seu lado aquelas pessoas que, no seu ponto de vista, não vão trair nem falar mal de você. Isso não quer dizer que você não deva interagir com os demais, porque é inevitável; então, vista sua armadura de sal grosso e vá em frente!

Trate todo mundo com a mesma consideração. Claro, você nunca falará com o colega da mesa ao lado da mesma forma como responderá ao presidente da empresa, mas nunca esqueça que todos são seres humanos. E por falar em chefe, vale a mesma regra do comportamento com os professores: não seja puxa-saco e trabalhe para demonstrar sua competência. É ela que vai fazer você virar o(a) chefe (hahaha).

Outra coisa: jamais demonstre ter sede demais de chegar ao topo, porque muitas pessoas podem se sentir ameaçadas com isso. Faça o caminho inverso: prove que é capaz e elas mesmas vão conduzir você ao lugar que tanto busca.

Beleza, acho que deu para sacar, não é?

Mudar conforme o lugar não é treinar seu dom de ator ou atriz, muito menos perder seu estilo, mas sim entender que cada lugar, cada pessoa, cada situação tem um determinado código e pede um tipo diferente de comportamento. Se você seguir essa regra, posso dar certeza de que sua aceitação vai melhorar em cem por cento.

7

Jogo aberto com os mais próximos

Você já deve ter ouvido falar que a fama tem um preço. Muitas celebridades reclamam de viver com os *paparazzi* na sua cola e não conseguir nem ir ao dentista cuidar do sorrisão sem ser clicados por uma lente butuquenta (glossário de gírias novas: "butuquenta" = indiscreta). Esse é o "lado ruim" da fama, se é que podemos chamar assim. Quem se torna popular passa pelo mesmo estresse, com a diferença de que o tormento não vai durar apenas 15 minutos, mas o resto da vida! Hahaha!

Zoeira, isso não é bem assim.

Claro, algumas coisas mudam muito, por exemplo, a dificuldade de dar atenção para todos os amigos, e pode esperar que eles e elas vão cobrar isso. Carência não escolhe idade nem hora; pior, ela nos pega desprevenidos na hora em que temos menos tempo, ou seja, quando começamos a sair mais, conversar mais, conhecer pessoas novas e não conseguimos criar nem um clonezinho para ajudar a dar conta de tudo.

Este capítulo foi criado porque você deve fazer da popularidade um ganho na sua vida, e não algo que vá trazer mais perrengues, principalmente com aquelas pessoas que são mais próximas, tipo irmãos, primos, pais e amigos mais chegados. Eles sabem como você sempre foi e é. Não é possível que isso mude porque um belo dia você se tornou popular.

Masssss...

Muitas vezes podem achar babaca esse lance de popularidade; pior, reclamar que você os está trocando pela vida de pop.

Sabe o verdadeiro nome disso?

Ciúme!

Normal, isso rola mesmo, e o que você tem de fazer é deixar claro que nunca vai se esquecer deles ou delas, porque são as pessoas mais importantes da sua vida.

Agora, se estiver namorando, o bicho pode pegar de verdade, até porque quem é popular vive chamando a atenção do sexo oposto. Então, a melhor estratégia é dar prova de fidelidade a todo momento. Mas não estou falando de ficar alugando o ouvido do seu *love* com conversinha melada nem aquelas paradinhas de telegrama fonado, colchão cheio de pétalas de rosa, nada disso, mas sim desse "jogo aberto" que está no título do capítulo. Sendo mais direto, o lance é apostar na SINCERIDADE. Essa é a maior prova de todas. Então, sempre deixe bem claro quem é quem nessa sua nova vida.

"Como assim, quem é quem?"

Simples: mãe é mãe, namoro é namoro, amizade é amizade, contato é contato. Você vai explicar o que cada uma das novas pessoas que entraram na sua vida significa para você e, para o seu bem, espero que seja só amizade mesmo (ahuahauhua).

Sem zoeira, se você ficar muito popular, vai ter de ficar esperto(a) e pensar duas vezes antes de pular a cerca, porque todo mundo vai estar plugado no seu radar (glossário de gírias novas: "plugar-se ao radar de outra pessoa" = conhecer todos os seus passos). E também é bom se preparar para ter de apagar algum incêndio, porque sempre vai aparecer algum engraçadão ou alguma invejosa inventando história e até criando um perfil falso na net para se passar por você.

O que não rola é começar a contar mentira, mesmo que seja para poupar quem você ama. A intenção pode até ser boa, mas o resultado será péssimo, porque você vai ter de mentir cada vez mais para encobrir os furos das histórias que inventar. Quando se der conta, vai estar dentro de uma teia igual à do Homem-Aranha e, detalhe, sem ele para tirar você de lá.

Então, a dica é manter o seu caráter acima de tudo. Quer ser popular? Então, deixe claro para as pessoas que sempre estiveram ao seu lado que você está mudando uma realidade, mas não seu sentimento. Sim, elas terão de dividir sua atenção com um monte de amizades não tão sinceras e até mesmo interesseiras, mas isso faz parte de qualquer círculo social, e não é porque você ficou mais popular que vai esquecer quem realmente tem valor.

Eu sei que vai chegar uma hora em que será impossível dar atenção para todo mundo. Por exemplo, se começar a chover convites para baladas, eventos e festinhas, é normal você ficar com vontade de curtir tudo e todas, e nessa vibe o tempo para os amigos e amigas de verdade pode diminuir.

"Culpa, minha culpa, minha máxima culpa?"

Nada disso. Tudo é uma questão de adaptação e bom senso. Não precisa pensar em se jogar na frente do monstro da serra elétrica. Aos poucos, sua agenda vai entrar num ritmo que você dominará melhor, e quem for seu amigo de verdade ficará ao seu lado, nas horas boas e também nas menos boas. Qualquer coisa, dê um jeito de arrastar essa galera do coração para as paradas que forem rolando, afinal, ninguém é popular sozinho. Logo, eles e elas vão acabar se acostumando com toda a muvuca e também começarão a curtir.

8

Aparecer demais pega mal

Extremos, excessos, fanatismo

Eu já havia dado alguns toques sobre o perigo de você causar demais enquanto tenta chamar a atenção da galera, acabando por virar o(a) mala sem alça da turma e tendo de dar adeus ao seu sonho de popularidade. Saber a medida das coisas é muito importante, porque tudo que é demais cansa. Internet demais cansa; fazer piadinha com Deus e o mundo cansa; botar pilha nos outros o tempo todo cansa; ficar regulando aquela sonzeira (glossário de gírias novas: "sonzeira" = música que agrada) para os amigos ou amigas na casa dos seus pais, quando eles viajam, cansa; fazer de tudo para ser sempre o centro das atenções cansa; e por aí vai.

Então, se você não quiser errar na dose, vide instruções na bula... (ahuahuahua)

Falando sério agora, mas, na real, podemos dizer que existe uma bula, sim, e muito mais simples do que as encontradas dentro das caixas de remédios, com aquele montão de letrinhas que cansam a vista só de olhar.

A "bula da popularidade" diz que superdosagem é proibido. É como no caso dos medicamentos: se você ingeriu uma quantidade menor do que a recomendada, pode completar de boa; já se mandou para dentro remédio em excesso, tem de colocar para fora. Só que, na vida, quem vai para fora se exagerar na dose é você! Fora da classe, fora da balada e até fora da vida dos outros, que não vão mais ter saco para aguentar esse seu peso-pesado (glossário de gírias novas: "peso-pesado" = jeito insuportável).

Outro lance que a bula dos pops proíbe é aquela história de se achar a última bolacha do pacote, o gás da Coca-Cola, o(a) *best friend* da galera só porque está ficando popular. Isso é realmente péssimo e, agindo assim, não só os seus 15 minutos de fama vão acabar rapidinho como também a sua boa imagem. Humildade é bom e todo mundo gosta, lembra? Mas não esqueça também que não vale pagar de coitadinho ou pobrezinha, porque a "Era Chitãozinho e Xororó" já passou e ninguém mais vai sentir dó dos seus tempos de lavoura (glossário de gírias novas: "tempos de lavoura" = origem humilde) (hahaha).

Na verdade, este capítulo foi criado para ir mais fundo nessa parada dos perigos de querer ser pop a qualquer preço e que vão muito além de apenas cansar a beleza da galera ou ficar por aí dando pitis de estrelinha. Estou falando daqueles casos em que o "demais" deixa de ser uma falta de noção ou qualquer coisa assim e vira doença. Sério, tem gente que pira de verdade e começa a perseguir esse lance da popularidade de forma compulsiva. A coisa é tão grave que pode até ser chamada de fanatismo, como a personagem que a Deborah Secco fazia numa novela chamada *Celebridade*. Ela era capaz de vender a mãe para sair na capa de uma revista. As modelos das passarelas não estão de sacanagem, porque, no fundo, são escravas da imagem, mas também fazem qualquer coisa para manter a forma, até passar uma semana inteira comendo só shitake.

Já existem matérias em jornais e revistas comentando sobre o número cada vez maior de adolescentes que procuram os consultórios de cirurgia plástica para corrigir algum defeito ou turbinar partes do corpo. Nada contra, a não ser quando isso se torna *demais*. O grande astro do pop, Michael Jackson, talvez seja o maior exemplo de alguém para quem o *demais* nunca era o bastante.

Até rezar demais pode ser perigoso. Um tempo atrás, via muito uma mulher que caminhava no shopping com um rosário nas mãos, sempre de cabeça baixa e cara fechada. Na certa, ela pensava que, para ter fé e falar com Deus, é preciso levar uma vida dura, deixar de fazer as coisas que nos dão prazer e até viver chorando. Muitos chegam a chicotear o próprio corpo para ouvir a voz de Deus. Sem perceber, eles viraram seus próprios inimigos, e isso nada mais é do que fanatismo. Também há quem diga que a galera que vive dentro das academias, cultuando o corpo, sofrendo para levantar peso, também é fanática, e não duvido que seja verdade.

O problema está exatamente em buscar as coisas ao extremo, cometendo todo tipo de excesso em nome de um ideal, que acaba ficando vazio e sem sentido, porque, nessa *vibe* de chegar lá a qualquer custo, a pessoa acaba esquecendo o verdadeiro motivo por que começou tudo isso um dia.

Você, por exemplo, ainda sabe por que quer ser popular? Lembra de todo aquele nosso papo inicial sobre o motivo pelo qual comprou este livro?

UM MINUTO DE SILÊNCIO PARA VOCÊ... (Não pule, é muito importante.)

Essa parada foi necessária para você entender o que vou dizer agora. Só tem uma força que move as pessoas para o lado bom da vida, e não é nenhuma droga, porque não se alimenta da hipocrisia nem provoca o fanatismo: chama-se AMOR. Isso vale para o seu caso, sim, afinal, você se AMA e é por isso que está buscando melhorar cada vez mais, atraindo mais pessoas para perto de si (por que não?), afinal, sozinho ou sozinha ninguém faz nada, quanto mais mudar o mundo.

Pode reparar, todas as pessoas que fazem sucesso e se dão bem dizem que tiveram o apoio da família e dos amigos; já aqueles que se estatelaram no chão reclamam de não estar suficientemente preparados. Na real, eles chegaram lá em cima sem o amparo dessa corrente que o amor forma em volta da pessoa e não deixa ela despencar, ainda que possa tropeçar.

O caso da Susan Boyle, por exemplo. Quem não a conhece? Ela foi um *boom* na internet, mas, depois de tudo aquilo, deu uma entrevista dizendo que a fama lhe fez mal. Ela é que não estava bem para lidar com a fama...

Então, o lance é traçar sua meta e preparar-se para alcançá-la com os pés no chão: nada de ir com sede demais ao pote, senão é capaz de a fonte secar antes de você atingir seu objetivo; ao mesmo tempo, nunca deixe de cultivar o amor das pessoas à sua volta, caso contrário será difícil aguentar o tranco e você vai acabar pirando o cabeção.

A bula da popularidade agradece.

9

Sua diferença é tão igual

Você já leu aqui sobre a importância de manter a naturalidade e de não exagerar na dose ou ficar se achando mais que os outros só porque caiu nas graças da galera. Existe até um termo que eu uso para falar daquelas pessoas que fazem qualquer negócio e chegam a engolir mil sapos só para serem aceitas num certo grupo: pagão (glossário de gírias novas: "pagão" = pessoa oportunista ou sem opinião própria, a popular "maria-vai-com-as-outras", que quer parecer aquilo que não é). Não tem nada a ver com religião ou falta de religião, ao contrário, uma pessoa pagã não acredita em nada, nem nela mesma, e só fica babando o ovo de uma turminha mais descolada ou alternativa para se sentir diferente e conquistar mais popularidade. Mas, como você vai descobrir lá adiante, para ser popular é preciso ir muito além de uma única tribo (sobre isso, se liga no capítulo 13: "Eu sou de todas as tribos").

Para piorar as coisas, essa vontade de ser diferente pega mais que doença contagiosa, a ponto de, hoje, as pessoas já saírem da barriga da mãe com um código de barras na testa. Todo mundo topa qualquer parada para não ser mais um na multidão e não cai a ficha de que, desse jeito, nem mais multidão vai existir (ahuahuahua). O lance é sério e ninguém se toca que, ao fazer qualquer coisa para parecer original, a pessoa está apenas e tão somente sendo igual a todo mundo.

De boa, nem estou criticando quem faz tatuagens, usa brincos ou *piercings* e tudo o mais que ajuda a criar um estilo próprio ou ficar mais parecido(a) com a galerinha descolada. Isso até pode ser legal se você tiver noção do que está fazendo e caso combine realmente com seu jeito. Por isso é importante pensar muito bem antes, principalmente quando se trata de uma tatuagem, porque o bagulho dura para sempre (você pode até tentar tirar depois, mas vai perder muitas mesadas nessa brincadeira e ainda corre o risco de ficar com a pele manchada).

Na real, o toque que quero dar é sobre essa noia de ser diferente, quase sempre sem sentido, e que coloca você nas maiores roubadas. Em algumas festas, muitos jovens se drogam só para dizer que estão podendo ou têm muita personalidade; alguns nem sequer entram numas e já saem dizendo que estão vendo elefantes cor-de-rosa, fadas verdes e postes correndo atrás deles. Fala sério, nada a ver!

Mas o que é ruim pode virar bom e facilitar muito o seu lado se você pensar que, graças aos manés e às maluquetes de plantão, nunca foi tão fácil ser diferente: basta ser você mesmo(a)!

Eu explico. De tanto a galera forçar a barra e fazer todo tipo de parada, até brincar de *bungee jump* no lustre da sala, não adianta querer inventar moda, porque vai acabar descobrindo que alguém já fez antes de você. Então, só resta chamar a atenção das pessoas sendo fiel ao seu verdadeiro "eu", porque ele é a única coisa realmente original que você tem. Assim, sem querer (querendo), você conseguirá se destacar no meio daquela multidão que faz tudo para aparecer e já virou maioria sem graça (glossário de gírias novas: "maioria sem graça" = coisa corriqueira, que não chama a atenção das pessoas). E não precisa nem pintar o cabelo de uma cor mais chamativa que a outra a cada dia, porque o diferente não está fora, mas dentro de você.

Se não acredita no que estou dizendo, é só pensar: por que uma mesma roupa parece tão diferente em duas pessoas? Mesma estampa, mesmo tecido, cores idênticas...

Porque a diferença não está na peça, mas em quem a está usando. O contrário também é verdade: você vê alguém vestido na rua com uma beca muito louca, chamativa e tal, mas, quando esse *brother* ou essa *sister* mais ousada passa pelos outros, só consegue despertar risadinhas ou, pior, pena. Será que essa pessoa era realmente diferente ou apenas mais uma alma igual a tantas outras que não sabia mais o que fazer para aparecer?

Moral da história: você faz a roupa, a festa, o momento, a vida, enfim, tudo ser diferente. Basta ser você...

No mais, é só deixar a coisa fluir, sair para conhecer gente, trocar ideia sobre tudo, sem discriminar quem quer que seja.

10

Não demonstre raiva

Fala sério: sentir raiva é inevitável, mas demonstrar isso é opção. E opção errada. Eu sei que tem gente que não desce nem com chá de paciência e quase sempre cruzamos com assombrações desse tipo em nosso caminho. Também confesso que já cheguei a odiar alguns malas.

Mas, então, o que fazer?

Primeiro, é preciso entender o porquê desse sentimento. Muitas vezes, as pessoas não nos agradam porque pisam feio na bola, vivem competindo, agem como se fossem cavalos e éguas (dando coices a toda hora) e até porque, simplesmente, o santo não bate. Já te aconteceu isso? Você olha para uma pessoa que nunca viu mais gorda e não vai com a cara dela? Seja bem-vindo(a) ao mundo normal...

Tudo bem, eu sei que é difícil manter a superioridade quando o sangue ferve, ainda mais se a pessoa vive provocando. Mas, se você explodir, o que realmente vai mudar?

Caso a pessoa fique com medo, talvez ela pare. Mas se for alguém que gosta de provocar, perceberá que encontrou um meio de atingir em cheio, porque você demonstrou que se dói com o que ele ou ela faz. Na real, enquanto você vai ter o trabalho de continuar odiando, esse “diabinho” ou essa “diabinha” se sentirá feliz da vida, porque venceu.

Sabia?

Pois fique sabendo! E não sou eu quem diz, é o próprio Shakespeare: "O ódio é o veneno que nós tomamos esperando que o outro morra".

Você ainda acha que não? Pare e pense: todo o ódio que você sente incomoda a quem? Hein?

A ninguém, a não ser a você mesmo(a). Vamos lá...

Por exemplo, se você está caminhando e, de repente, percebe que a criatura odiada está vindo na sua direção e logo vai trombar com você, o que acontece? Bate aquela sensação ruim que te intoxica e muda seu humor? O que você ganha com isso, além do primeiro lugar no festival de caretas? Sim, porque me engana que você não vai passar o resto do dia com aquela cara de fuinha?

Agora, imagine: e se, em vez de se doer tanto, você tivesse desprezado aquela pessoa no corredor, tipo "tanto faz como tanto fez" e passasse reto? Se ela tivesse alguma intenção de te provocar, quem ficaria com raiva diante da sua indiferença seria ela.

Captou?

Então, de agora em diante é isso mesmo que você vai fazer: fingir que esse povo do mal não existe, porque, quando se tocarem de que você não está nem aí, vão acabar desistindo. Quem não gosta de você quer mais é ver o circo pegar fogo, então a sua maior vingança vai ser justamente cuidar da sua vida e mostrar que sabe fazer isso muito bem, obrigado(a). Tenha um gesto de generosidade e deixe seus inimigos assistirem à sua vitória de camarote (ahuahuahua).

Veja bem, eu não sou louco para dizer algo do tipo "Ame o seu inimigo", não é isso. E também não estou sendo nem um pouco bonzinho, porque a indiferença é muito pior que o ódio. Só que ela é pior para quem recebe e não para quem sente; já o ódio acaba com quem se deixa corroer por ele. E como o meu papel aqui é preservar você, minha dica é para sempre ficar com a primeira opção, aconteça o que acontecer.

Fora que, ao ser indiferente, você vai sair completamente por cima em todas as situações.

Por quê?

Ah, é simples. Se você fizer de conta que não sabe da existência de quem não curte, para todos os efeitos vocês não se conhecem, então vai ser sempre a palavra dessa pessoa contra a sua.

Vou explicar melhor, se liga...

A parada é a seguinte: para falar sobre alguma coisa, é preciso conhecer primeiro. Por exemplo, você não pode dar sua opinião sobre beijo de língua se não tem conhecimento disso. Então, quem não te conhece também não pode dar opinião sobre você. E mesmo que a "criaturinha" jure de pé junto qualquer história, a galera vai ficar desconfiada e acabará nem dando atenção.

Sacou por que é melhor ser indiferente? Já deu boa... (glossário de gírias novas: "já deu boa" = ok, muito bom)

Um toque importante é ficar esperto(a) quando for desabafar sobre essas paradas com alguém. Se o bicho estiver pegando e você precisar falar um pouquinho mal dos odiados, faça isso só com os AMIGOS ou AMIGAS de verdade e jamais deixe vazar o que sente para quem está do seu lado só para ver andar a vida (glossário de gírias novas: "para ver andar a vida" = de passagem). Esses são seus COLEGAS, pessoas para conversar, dar risada, e quem é popular tem muita gente assim à sua volta, mas não são confiáveis a ponto de você confidenciar algumas coisas.

Sem contar que, se tudo der certo, seu desgaste está com os dias contados, afinal, logo que começar a ser indiferente às pessoas que te fazem mal, elas vão deixar de existir, assim como toda essa meleca de raiva, ódio e outros sentimentos ruins.

Beleza? Vamos adiante...

11

Falaram mal de você?
Take it easy!

Quando se é popular, nem dá para evitar que algumas pessoas falem mal ou atirem pedras, até porque não se pode agradar a todo mundo. É isso mesmo, *brother* e *sister*: a unanimidade é burra.

Até aí, tudo bem. O problema são os malas invejosos, pessoas que tentam ser iguais àquela que aparece mais e, por não conseguir, começam a tentar queimar seu filme, espalhando boatos falsos e até coisa pior.

Então, você deve dar um presta atenção (glossário de gírias novas: "dar um presta atenção" = colocar a pessoa no lugar dela, discutir, brigar) nessas peças raras, certo?

Errado!

Óbvio, você pode odiar, abominar e até sentir raiva. Isso é normal. Porém, deve descontar tudo isso num macio saco de pancadas (ahuahuahua). Afinal, como expliquei no capítulo anterior, a indiferença é o que rola na parada (glossário de gírias novas: "o que rola na parada = é o certo a se fazer).

Todos nós estamos sujeitos a isso. É triste, mas é a real. Quando falam mal pelas costas, é sinal de que você está mesmo na frente e, de alguma forma, chama a atenção, incomoda a segurança de alguém, que se vê ameaçado(a) pela sua simples presença. Agora, detalhe: quanto mais importância você der a esse fato, mais ibope a história vai ter. E isso é justamente o que esse zé ou joana intriga (glossário de gírias novas: "zé intriga" ou joana intriga" = pessoa que faz fofoca sobre os outros) quer: atormentar você. Então, fique tranks (glossário de gírias novas: "tranks" = tranquilo/a) e despreze, o que, no caso, significa não dar papo, sair do ambiente, fazer cara de ã (glossário de gírias novas: "cara de ã" = expressão de quem não entendeu ou não sabe do que se trata), dizer que não conhece a criatura e outras cortadas sobre as quais até já comentei antes. E se alguém vier te avisar da fofoca, não entre no jogo deles. Seja superior e não faça nada. Pense naquela frase popular "EU SOU MAIS EU!!!" e continue na sua. No máximo, solte um "Deixa pra lá", sem mais explicações, porque essas panelinhas de fofoqueiros por si só se autodestroem.

A prova de que se fazer de morto(a) funciona é dada pelos próprios famosos, como quando um cantor muito conhecido internacionalmente confessou que queria namorar uma modelo brasileira muuuito famosa também.

Ao perguntarem a ela o que achava dessa história, adivinhe o que ela respondeu sem nem piscar...

"Quem?? Eu nem conheço ele!"

Mesmo que eles tivessem um caso ou até se conhecessem, naquele momento o cantor pagou o maior mico, e a modelo, com toda a certeza, passou uma imagem de superior.

Veja bem, o cantor não falou mal da modelo, apenas comentou que queria namorá-la e tal, mas, enfim, esse exemplo cai como uma luva, porque mostra que é possível desviar uma fofoca com elegância e ainda deixar bem claro qual é o lugar de cada um.

Agora, fala sério, você ficou morrendo de curiosidade para saber de quem eu estou falando, né?

OK, você venceu... A modelo é Gisele Bündchen e o cantor é James Blunt, hahaha! Parabéns, James, você até tentou, mas parabéns ainda mais para a nossa Gisele, que nos ensinou como dar um fora sem perder a pose.

Aprendeu, então?

Siga isso. Assim, quem sairá perdendo sempre vai ser quem falou mal de você.

12

Uma "loucura" pode não ser tão mau

Muitas pessoas se tornam famosas sem nenhum esforço ou merecimento. Isso é injusto? Óbvio que sim, mas geralmente é como as coisas funcionam. Por outro lado, esse tipo de popularidade não dura muito tempo, porque não foi conquistada graças ao trabalho ou a um talento verdadeiro e logo todo mundo percebe, deixando o retardado que fez a gracinha do ano falando sozinho. Quanta gente já passou pela mídia e sumiu? É, galera, o povo não perdoa.

Se você se ligar no título deste capítulo verá que a palavra loucura está entre aspas, porque, neste caso, ela não tem nada a ver com essa gente louca que surta e sai por aí batendo pino. Isso é um caso de psiquiatria e passa muito longe do mundo pop. Loucura, ao menos por aqui, quer dizer fazer uma parada que, de repente, choca a galera, mas pode transformar-se numa marca registrada e agradar a ponto de tornar você mais popular, porém é preciso ficar bem esperto(a), porque nem tudo vale a pena e pode ter um preço muito alto.

Se você acha que estou dando uma de nerd ou de paizão da galera, se liga nessas histórias...

Na China, um professor universitário chamado Mo Xiaoxin estava dando aula sobre Body Art (Arte do Corpo) e, de repente, enquanto falava, foi tirando a roupa até ficar completamente peladão na frente dos alunos. E ainda pediu que a galera também tirasse a roupa. Você pode pensar: “Que irado!". Óbvio que ele ficou mais popular depois disso, virou notícia no mundo inteiro, mas sabe o que ele ganhou no final? Foi denunciado pelo Ministério da Cultura da China e pode até perder o seu lugar na universidade. Com certeza, para ele o prejuízo foi maior que o lucro.

Outro tiozinho americano muito doido estava curtindo todas na Disney quando, do nada, resolveu passar a mão numa funcionária do parque que estava vestida de Minnie. Além da vovó que estava com ele, quem não gostou nada dessa história foi a mulher fantasiada. Ela processou o velhinho tarado e ele foi condenado a 180 dias de prisão, em liberdade condicional, ou seja, fora da cadeia, mas, fala sério, essa pegou muito mal. Além disso, vai ter de prestar 50 horas de serviços comunitários e pagar uma multa de mil dólares. Só para zoar com a cara dele, a Justiça ainda exigiu um atestado de saúde mental e a redação de uma carta de próprio punho pedindo desculpas à vítima. Popularidade ingrata, né? Sai fora...

Um caso muito *loser* foi o daquelas duas meninas que fugiram da casa dos pais em São Paulo e foram parar em Santa Catarina, depois de percorrer mais de 700 quilômetros de carona com tudo que é estranho. Acabaram ficando muito conhecidas depois que a mãe de uma delas espalhou a notícia da fuga e a mídia resolveu cobrir o reencontro com os parentes. Elas chegaram a ser entrevistadas e fazer o maior discurso defendendo o direito à liberdade, dizendo que não queriam apenas casa, comida e roupa lavada, mas também ser ouvidas. Já imaginou se elas tivessem pegado uma carona com algum retardado metido a psicopata ou algo do gênero? Com certeza, elas seriam ouvidas, só que no céu! Fora que fugir da casa dos pais é um planinho mais velho que andar para a frente, não tem nada de original, e as duas só ficaram famosas porque realmente estavam correndo risco de vida. Demorou para descobrirem que o preço dessa liberdade estava muito caro.

"Então, devo fazer tudo sempre certinho e virar um modelo de filhinho da mamãe ou de preia (se liga no glossário de gírias novas) que não consegue ir nem até a esquina sem uma babá na sua cola?"

Óbvio que não, mas, se quer cometer alguma loucura para chamar a atenção, que seja uma loucura real (glossário de gírias novas: "loucura real" = desafiar tabus sem prejudicar a si nem a ninguém).

Por exemplo, uma chinesa muito louca mandou fazer um vestido de noiva com uma cauda de 2 quilômetros de comprimento, com 9.999 rosas vermelhas de seda aplicadas no tecido . Detalhe: ela ganhou esse presente do noivo, que, provavelmente, queria aparecer e ficar famoso por desbancar uma romena que já tinha feito a mesma coisa, usando em seu casamento um vestido com uma cauda de um quilômetro e meio de comprimento. Invejosos? Não sei, mas o fato é que conseguiram, e a chinesa pode até entrar no livro dos recordes *(Guinness)* como a noiva que usou o vestido com a cauda mais longa do mundo.

O apresentador Luciano Huck, que é um twitteiro de mão cheia, postou outro dia uma foto do pé da Angélica com uma baita fratura no dedinho. Dizem que quem vê cara não vê pé, e esse ditado se confirmou mais uma vez: eita pezinho feio, além de estar todo inchado. Mas valeu pela originalidade: em vez de postar uma daquelas fotos maravilhosas dela que todo mundo já está acostumado a ver nas capas de revista, ele apostou no inesperado e abalou o Twitter mais uma vez. Você pode dizer que eles já são famosos e, só por isso, a foto do pé emplacou, mas a real é que o Luciano Huck é um cara que sabe das coisas e sempre consegue surpreender.

É aí que está o segredo: você tem de surpreender, mesmo sem ser a Britney Spears; aliás, essa não precisa inventar nenhuma surpresa, porque a mídia cai matando em cima por causa de qualquer mesmice que esteja acontecendo na vida dela. Delírios do mundo pop que não vêm ao caso aqui...

Mas, voltando ao assunto, você não precisa correr o risco de pagar de pinel, má influência para os outros e ainda matar seus pais do coração para ficar popular, entrando em paradas perigosas como bater carros, beber todas na balada e sair dirigindo só para dizer que já tem 18 anos, postar baixaria no seu blog e outras roubadas. Fogo queima, sabia? Então, para que mexer com ele, se você pode ser popular do mesmo jeito e, detalhe, sem nenhuma queimadura?

Basta conseguir surpreender a galera e, muito importante, não errar na mão.

Uma palhinha só para você não dizer que eu regulo o ouro (glossário de gírias novas: "regular o ouro": ser mesquinho(a), avarento(a), não dividir informações nem objetos com outras pessoas):

Loucuras boas de fazer são tipo aquelas que já foram citadas no livro, como acenar para uma multidão como se conhecesse alguém lá no meio, lançar modinhas, sair com um acessório que ninguém usa, fazer festas temáticas, não ter medo de ousar nas fotos, como o Huck e outras pessoas de personalidade...

Isso não faz mal a ninguém e, na dose certa, pode fazer muito bem para a sua imagem.

13

"Eu sou de todas as tribos"

As tribos urbanas surgem com a intenção de formar grupos de amigos que têm os mesmos interesses e afinidades. Em geral, a galerinha que faz parte de alguma tribo segue movimentos que já estão bombando mundo afora: hippies, punks, grunges, góticos, emos, from UK's, XXX, entre outros. Um exemplo muito falado hoje são os emos, aqueles meninos e meninas com cabelos pretos, lisos e franja na cara que curtem música pesada, mas com toques românticos. Justamente por isso vivem pagando de chorões e tal. Na real, o nome "Emo" é uma abreviatura de "Emotional Hardcore", ramo mais suave do hardcore, praticado nos Estados Unidos desde os anos 1980, em especial na cena punk de Washington.

É bom explicar essas paradas, porque tem gente muito doida que mistura todas as bolas. Por exemplo, a expressão "tribo urbana" não tem nada a ver com índios e foi citada pela primeira vez em 1985 nos artigos escritos por um sociólogo francês chamado Michel Maffesoli, ganhando força três anos depois quando ele publicou um livro sobre o assunto.

Para resumir toda essa história, o que as tribos urbanas fazem é dizer um NÃO bem redondo ao sistema, pelo menos é assim que elas são criadas, propondo atitudes e comportamentos que se opõem às normas tradicionais da sociedade. Algumas delas não têm muita consistência nem ideologia bem definida, então, acabam virando uma espécie de moda e se reduzindo a mais um instrumento de venda para as grandes indústrias de roupas, calçados, CDs, livros e bens de consumo em geral.

Críticas à parte, o fato é que as tribos urbanas estão por aí e existe um montão de meninos e meninas que encontram nelas um lugar para se autoafirmar e mostrar ao mundo o que pensam, seguindo aquilo que acham mais correto.

Sabendo disso, lá vão dois toques muito importantes.

1. Jamais discrimine tribo nenhuma, porque erros e defeitos todos nós temos. Quando estiver com a ponta da língua coçando para falar mal de quem segue uma parada diferente, imagine a situação contrária: pessoas se afastando de você por causa do jeito que você penteia o cabelo ou da roupa que usa. Sonho de ser popular? Já era... Então, não concorde ou discorde das ideologias, simplesmente conviva em paz com todas elas.

2. Respeitar é uma coisa, fazer parte é outra. E você nunca deve aderir a tribo nenhuma, porque as pessoas realmente populares têm de se socializar o máximo possível, e isso não vai ocorrer se ficarem presas num círculo restrito. Já dei esse toque antes, mas este é o momento de reforçar. De nada adianta querer ser popular só no meio de um grupinho. É claro que você vai dar com a cara na porta muitas vezes, mas o segredo é nunca deixar de buscar conhecer e fazer contato com mais pessoas, grupos, tribos, não esquecendo que todos são seres humanos e têm o direito de ter pensamentos diferentes. Moral da história: deixe cada um no seu quadrado e vá ampliando o seu cada vez mais (ahuahuahua).

Você pode achar que estou sendo radical demais e até contradizendo a dica que dei antes, afinal, para que respeitar se não devemos fazer parte delas? O problema não é frequentar, conhecer, conversar. Isso é até muito legal, mas tudo muda quando você percebe que as próprias tribos se repelem entre si, então, não dá para ser popular e fazer parte de um grupo em que te dizem o tempo todo "Ou nós ou os outros". Sacou? Por isso, eu repito: respeite-os, deixe cada um com seus pensamentos, defeitos e qualidades, mas não passe a seguir unicamente a galera de uma tribo específica.

Até porque, no final, todos acabam indo para o mesmo lugar.

Calma, não se trata daquele papinho idiota de que todo mundo vai para debaixo da terra quando morre. Isso é uma coisa óbvia...

A parada a que me referi acontece aqui em cima da terra mesmo, e você já deve até ter ouvido falar. Não quero apanhar amanhã, mas vai dizer que você não está ligado(a) que... toda emo vira paty e todo punk vira playboy?

OK, nem todos se transformam numa "beleza americana", para não dizer aberração americana. Mas, nos últimos anos, acompanhei a mudança de alguns amigos e até mesmo conhecidos, e juro para você: a grande maioria, uns 98% daqueles que eu acompanhei, acabou virando a casaca e ficando pianinho, supercomportados.

A verdade verdadeira é que, um dia, todos nós precisamos arrumar um emprego, assumir a empresa da família, enfim, um dia vamos crescer, e aqueles 2% que não mudam seu discurso nem depois de adultos são formados pela galera que não cresceu ou não quer crescer.

"Como assim, não cresceu?"

São pessoas que surtaram, enfiaram o dedo na tomada (glossário de gírias novas: "enfiar o dedo na tomada" = enlouquecer), ficaram presas na adolescência, tipo velho babão que não pode ver uma menina de minissaia que já sai na cola dela. Na vida, tudo é uma questão de fase, e até para ser louco existe uma. Mas cada um na sua prancha (glossário de gírias novas: "cada um na sua prancha" = cada pessoa tem seu ponto de vista), se você sentir que tem tudo a ver entrar de cabeça numa tribo e seguir aquelas regrinhas, o direito é todo seu. Agora, se realmente quiser ser popular, não fique nessa o tempo todo, porque o segredo do negócio está na *neutralidade*.

Sendo uma figura neutra, você conseguirá ficar de boa com emos, punks, metaleiros, grunges, seja quem for, e aproveitar todas as oportunidades que a vida tem a lhe oferecer. O importante é que alguém é sempre legal para alguém, e nada melhor do que respeitar e, principalmente, manter o diálogo com todas as tribos. Isso é ser pop.

Conclusão

Começo

Esta talvez devesse ser a parte final do livro, porém, na real, ela é o início, em que você vai decidir como, onde e quando vai começar a colocar em prática o que está escrito aqui.

Eu só peço uma coisa: não pense que tem nas mãos mais uma obra de autoajuda.

Se você está se autoajudando, parabéns para nós, mas o melhor é fazer deste livro um manual, que você possa seguir para aprender coisas novas e, principalmente, fazer a vida acontecer.

Certo?

Certíssimo!

Antes de começar a virada, você precisa jogar fora tudo que te faz mal, principalmente aquela voz que está aí dentro dizendo que você não consegue. Muitas vezes pensamos que não somos capazes e podemos até sofrer quando temos de mudar alguma coisa em nós ou à nossa volta, mas não se preocupe, porque isso é efeito colateral do comodismo.

"Como assim?"

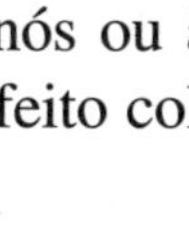

Às vezes, o medo do novo é tãããão grande que as pessoas se acomodam e começam a tratar o errado como certo só para não ter de sair da sua zona de conforto. Mas, no seu caso, eu sei que vai ser diferente...

Diga que estou certo... não estou? (pausa dramática)

Afinal, você é um rato ou um homem? Uma camundonga ou uma mulher?

Abafa! (ahuahuahua)

Sem zoeira, eu sei que não é nada tão simples, muito menos mudar o nosso jeito de ser, mas garanto que, se você chegou até aqui, está no caminho certo. Agora, fala sério, nada de sair por aí atropelando todo mundo para conseguir alcançar seu objetivo: aja com educação, paciência e, principalmente, sem extrapolar os seus limites e os das outras pessoas. E quando chegar lá, nada de virar estrelinha nem tratar mal quem quer que seja, afinal, você precisa das pessoas para manter sua popularidade.

Seja lá qual for sua intenção e o que você pretenda alcançando a popularidade, deve sempre lembrar que ser popular não é pertencer ao grupo das meninas superpoderosas da escola ou dos saradinhos da academia, mas sim conviver bem com todos os grupos ou tribos. Você já leu isso em outros capítulos, mas nunca é demais lembrar que o principal mandamento da vida de um pop é respeitar sempre todas as pessoas, não discriminando ninguém por raça, credo, situação financeira, opção sexual, deficiências e outras diferenças.

Outro ponto muito importante é saber ir além das vantagens que a popularidade traz e usar isso para ajudar outras pessoas, ainda que seja com um simples gesto ou uma palavra. Esse é o lado bonito da popularidade e que os críticos de plantão esquecem, achando que ser popular é coisa de quem não tem o que fazer ou só pensa em chamar a atenção do povo. Erro redondo (glossário de gírias novas: "erro redondo" = grande engano). Ser pop é também uma tarefa de responsabilidade, porque, a partir do momento em que você cativou as outras pessoas, suas atitudes passam a importar para elas, servindo de exemplo. Isso é muito sério. Se uma boa imagem vale por mil palavras, ter atitudes que mostrem que essa imagem é verdadeira e não mais um perfil *fake* criado para enganar a galera vale um milhão de vezes mais.

Uma prova de que ser popular não é só medalha de enfeite (glossário de gírias novas: "medalha de enfeite" = conversa fiada) está na própria web, onde uma empresa chamada Best Buy publicou uma oferta de trabalho para o lugar de diretor de um dos seus departamentos.

E sabe quais eram os requisitos para se candidatar à vaga, além de ter curso superior, experiência em Marketing e o escambau?

Possuir, pelo menos, 250 seguidores no Twitter e um ano como utilizador ativo de blogs!

É, galera, o mundo dá voltas e, hoje, ser popular também é uma forma de cuidar do seu futuro.

Então, bom começo para você...

Teste sua popularidade

Chegou a hora de testar seu grau de popularidade. Não gosta de responder a essas coisas? Muito menos esperar para somar seus pontos? Se for só esse o problema, vou dar uma dica: leve o livro com você quando tiver de ir ao dentista, médico, cabeleireiro, enfim, qualquer programa sacal ou que demore horas, e mãos à obra! (Detalhe: se liga nas instruções no final do teste para saber o que fazer, cabeça...)

1) Sinto-me bem na minha companhia.

2) Não tenho medo de assumir meus próprios erros.

3) Quando começam a fazer piadas a meu respeito, tenho facilidade para desviar o assunto.

4) Fico de boa quando tenho de falar com pessoas que ainda não conheço.

5) Quando tenho oportunidade de cumprimentar pessoas, nunca deixo passar.

6) Comporto-me bem quando não sou o centro das atenções, mas me garanto quando quero que alguém olhe para mim.

7) Na internet, o exibicionismo de minha imagem é moderado.

8) Costumo ter foco nas coisas que faço.

9) Busco estar sempre bem apresentável.

10) Nos papos com a galera, não me prendo a apenas um assunto.

11) Não insisto demais em uma piada ou brincadeira direcionada a algo ou alguém.

12) Tento marcar presença com as pessoas e em todos os lugares, sendo fiel ao meu estilo.

13) Sempre deixo minha família e meus amigos por dentro do que está rolando.

14) Gosto de estar sempre conversando, mas também ouvindo.

15) Nunca mostro tudo que sei na primeira conversa.

16) Procuro não chamar a atenção com coisas óbvias.

17) Se fosse líder de alguma parada, faria de tudo para continuar sendo a mesma pessoa.

18) Raiva não existe na minha vida. Se sentir, é por um período muito curto.

19) Com pessoas novas, que podem não ser de confiança, tento não expor minha vida.

20) Não me importo com o que os outros pensam ou falam de mim.

21) Inveja é uma coisa que não faz parte da minha vida.

22) Ver pessoas em boas condições de vida me faz ter vontade de chegar lá.

23) Não costumo dar moral para quem vive falando mal dos outros.

24) Na medida do possível, tento fugir da mesmice e surpreender a galera com alguma coisa nova, nem que seja um penteado diferente.

25) Não discrimino pessoas por idade, sexo, classe social ou qualquer outra diferença.

26) Quando eu quero alguma coisa, faço tudo para ir até o final.

Como responder ao questionário:

Para cada frase lida, responda Sim (S) ou Não (N).
A cada resposta positiva, some um ponto.

Para saber o resultado:
De 0 a 4 pontos, você não é nada popular.
De 4 a 8 pontos, você é uma pessoa normal.
De 8 a 12 pontos, você é sociável.
De 12 a 18 pontos, você é popular.
De 18 a 21, você é bem popular,
Mais de 21 pontos: Parabéns!

O que a última pergunta tem a ver?
Simples: no caso de um "Sim", ela mostra que, mesmo se você não ficar com uma pontuação alta, vai continuar tentando até conseguir.

Dica final:
Repita este teste a cada seis meses, porque será a melhor forma de você acompanhar sua evolução.

Visite nosso site e conheça estes e outros lançamentos

www.matrixeditora.com.br

Chaves: foi sem querer querendo?
Autores: Fernando Thuler e Paulo Franco

O programa *Chaves* chegou ao Brasil em 1981 e é um marco na TV brasileira, alcançando diversas gerações. Quem consegue explicar o sucesso de tantos anos? Nesta obra, você vai entender um pouco dessa saga, cheia de histórias engraçadas e interessantes. O livro mostra como o programa subverteu a lógica televisiva com seu humor; a batalha pelo ibope; a contribuição dos dubladores para o sucesso aqui no Brasil; a biografia dos atores e, no final, um capítulo com uma série de curiosidades imperdíveis.

Xaveco, câmera, ação!
Autores: Fabiano Rampazzo e Ismael de Araujo

Quando a sétima arte se junta à arte de conquistar as mulheres, o resultado é um livro que vai fazer você aprimorar os seus dotes de se aproximar, de xavecar e de se dar bem. Não precisa ser ator. Basta uma pequena dose de ousadia e usar os bons exemplos que o cinema tem para oferecer. Nesta obra, os autores do grande sucesso *Manual do Xavequeiro* analisam 70 filmes inspiradíssimos na arte da cantada e mostram para você os acertos e os erros dos personagens envolvidos.

Quer namorar comigo?
Autora: Bárbara Semerene

As meninas continuam se apaixonando, e muito. Quando isso acontece, surgem as encanações: O que eu faço? O que eu deixo de fazer? O livro não ensina fórmulas, mas ajuda a pensar sobre o que anda acontecendo na sua vida de uma maneira inteligente, leve e divertida. Sempre focando a autoestima. Um guia para meninas apaixonadas e confusas.

Cultura inútil para festas e eventos
Autor: Mental_Floss

Nós, da mental_floss, sabemos que enfiar a cara na tigela de ponche não é a melhor maneira de fazer com que alguém se torne a alma da festa. Na verdade, achamos que você também sabe disso, e é exatamente por esse motivo que está, agora, segurando *Cultura inútil para festas e eventos* – um guia eficiente e confiável para iniciar e manter conversas sobre qualquer assunto.

Chaves: foi sem querer querendo?

MATRIX

Cultura inútil para festas e eventos

Autor: Mental_Floss